KB107616

최승렬의

좋은사람

좋은 생각

" 100년이 지나도
남기고 싶은 좋은 책
100권을 압축시킨
좋은 인생철학 책 "

좋은 사람 좋은 생각

초판 발행일 ; 2013년 6월 30일
재판 발행일 ; 2013년 9월 25일

저자 : **최 승 렬**

발행인 : 채말녀
편집인 : 김수경
디자인 : 김건영
출판사 : 도서출판 아트하우스
주　소 : 서울 성북구 동선동 3가 250-1.1
본　사 : TEL ; (02) 921-7836
　　　　 FAX ; (02) 928-7836
　　　　 E-mail ; bestdrq@empal.com

정 가 : 12,000원

ISBN; 978-89-93639-70-4 (03190)

* 잘못 제본된 책은 교환해드립니다.
* 내용을 무단, 복제 및 발췌하는 행위는 저작권법에 저촉 됩니다.

좋은 사람 좋은 생각

이 세상을 아름답고 행복하게 사는
삶의 지혜는 무엇인가?

이 세상의 젊은이들은 무한한 가능성이 있기에 늘 아름답고 행복한 삶을 꿈꾼다. 그러나 성공인생으로 가는 삶의 지혜를 가르쳐주는 곳이 꼭 있어야 하지만 오늘날 학교에서나 가정에서는 자기가 할 일이 아니라고 방관하는 것이 현실이며 작가는 이것이 늘 안타까웠다.

이 세상을 살아가면서 성공인생으로 가는 길은 학교 성적보다는 마음자세가 중요하며 세파에 부딪쳐 산전수전 공중전까지 가서 이겨내고 스스로 터득하거나 좋은 스승이나 좋은 선배를 만나서 모든 것을 열심히 배우며 실천해야 하고, 그래도 부족하다 싶으면 좋은 책에서 지혜를 얻어 실천하고 함께 연구하며 살아가는 길 뿐이다.

요즘 젊은이들 대부분은 아무런 준비 없이 부모에 의존해서 결혼을 하고 사회에 첫발을 내딛게 되는데 이럴 때 좋은 책 한 권은 집 한 채를 사주거나 현금으로 1억을 안겨주는 것보다 낫다는 것이 작가의 생각이다. 이 세상에서 성공인생으로 살아가는 비결은 "타인의 관점을 잘 포착하여 자기 자신의 입장에서 사물을 볼

줄 아는 재능, 바로 그 것이다.” 라고 포드가 말한 바 있다. 이 책이 성공인생으로 가야 할 사람들의 길잡이가 될 수 있도록 최선을 다해 만들어진 것임을 강조하고 싶다. 아무도 내 인생을 대신 살아 갈 수도 없으며 아무도 가르쳐 주지 않는 것이 인생이다. 인생이란 스스로 만들어 가면서 개척하는 것이다. 그러나 여기에 있는 좋은 글은 작가로 인생을 살아오면서 터득하고 배워온 삶의 지혜를 모아 성공인생으로 가는 오랜 경험의 결정판인 것이다. 성공인생으로 가는 첫 번째는 “좋은 사람이 먼저 되어야 하고 좋은 생각을 해야 한다.” 좋은 생각을 하는 사람이 리더가 되어야 좋은 세상을 만들 수 있기 때문이다. 두 번째로는 “성공인생으로 가는 지혜로운 좋은 글”을 제시 했다. 세 번째로는 “살아가면서 훌륭한 리너가 되는 길”과 “훌륭한 리더의 징찬과 질책의 기술”을 제시 했으며, 네 번째 마지막으로 “인간이 건강하고 행복하게 장수하는 방법”을 제시하였다.

이 책을 거울삼아 조금씩 참고 노력하면서 실천하면 누구나 성공인생으로 갈 수 있으며 이 책이 좋은 밑거름이 되었다는 사실을 깨달을 것이다. 한국경제 불황의 끝은 언제까지인지 알 수 없으며 당분간 모두가 힘든 시기임에 틀림없다. 이럴 때일수록 우리의 멋진 미래를 위해 꿈과 희망을 버리지 말기를 바라며, 아울러 이 책이 모든 젊은이들의 행복과 성공인생으로 가는데 조금이나마 도움이 되길 바란다.

2013년 7월

저자 최 승렬 드림

차례 ▌Contents

| 프롤로그 | 좋은 사람이 좋은 생각을 하고,
　　　　　　좋은 생각이 좋은 세상을 만든다.

Part1, 좋은 사람, 좋은 생각, 좋은 세상(Ⅰ)

Part2, 좋은 사람, 좋은 생각, 좋은 세상(Ⅱ)

차례 ▌Contents

Part3. 인생을 성공으로 이끄는 지혜

Part4. 훌륭한 리더의 칭찬과 질책

차례 ▌Contents

Part5. 건강하고 행복하게 장수하는 비결

| 에필로그 | 지금부터 내 남은 인생을 위해 생각하고 행동하라

최승렬의

좋은사람 좋은생각

" 100년이 지나도
남기고 싶은 좋은 책
100권을 압축시킨
좋은 인생철학 책 "

Part1

좋은 사람, 좋은 생각, 좋은 세상(Ⅰ)

좋은 사람이 좋은 생각을 하고, 좋은 생각이 좋은 세상을 만든다

인생을 행복하고 즐기면서 살고 싶다면 좋은 생각을 먼저하고 좋은 사람이 먼저 되어야 한다.

성공하는 인생을 원하면 성공하는 인생을 생각하고 사랑하는 인생을 살고 싶다면 사랑하는 생각을 먼저 하는 좋은 사람이 먼저 되어야 원하는 대로 이루어진다. 우리가 마음속으로 생각하거나 소리를 내어 말하면 그렇게 행동하기 쉽고 그대로 이루어지기 쉽기 때문이다.

우리의 생각이 우리의 삶을 만들어 가는 것이며 두뇌의 생각이 말이 되어 나오며, 하는 말이 씨가 되어 실제로 이루어지는 경우가 많으니 좋은 생각을 해야 하며 언제나 그 생각의 주인공이 '나' 라는 것을 생각하고 늘 좋은 사람이 되고자 노력하고 항상 좋은 생각을 하면서 자연스럽게 좋은 습관을 실천에 옮겨야 한다.

열린 마음만이 자연을 느낄 수 있고, 마음이 열려야 어려운 사람을 볼 수 있으며, 마음이 열려야 모든 것을 함께 할 수 있고, 함께하는 좋은 세상을 만들 수 있다.

이른 아침 눈을 뜨면 좋은 생각으로 오늘을 시작해 보라.
좋은 생각과 좋은 말과 좋은 행동을 하면 뇌의 앞쪽에 자리한 전두엽을 긍정적으로 자극시켜 주게 된다. 좋은 글과 좋은 생각을 더 많이 알리고, 좋은 말을 쓰며 바르게 행동하고, 선한 마음으로 하루를 생각 한다면 바로 그 사람이 성공으로 가는 인생의 주인공이 된다.

우리의 인생에서 가장 중요한 것은 좋은 만남이다

우리의 인생에서 가장 중요한 것은 좋은 만남이다. 독일의 문학자 한스 카롯사는 "인생은 너와 나의 만남이다." 라고 말했다. 인간은 누굴 만나든 살아가면서 많은 사람을 만날 수밖에 없는 존재이며 산다는 것은 만난다는 것이다.

부모와의 만남으로 시작해서 스승과 만남, 친구, 학교와의 만남, 좋은 책과의 만남, 그리고 수많은 사람들과의 만남이다.

인간의 행복과 불행은 만남을 통해서 결정되는 것이며 여성은 좋은 남편을 만나야 행복하고, 남성은 좋은 아내를 만나야 행복하며 학생은 훌륭한 스승을 만나야 실력이 쑥쑥 늘고, 스승은 뛰어난 제자를 만나야 가르치는 보람을 누리게 된다.

자식은 부모를 잘 만나야 행복하고, 부모도 자식을 잘 만나야 행복하다. 국민은 나라 지도자를 잘 만나야 잘 살고. 나라의 지도자 또한 국민을 잘 만나야 훌륭한 인물이 된다. 이렇게 우리의 인생에서 만남은 모든 것을 결정한다. 우연한 만남이든 섭리적인 만남이든 만남은 아주 중요하다. 그리고 인생의 변화도 만남을 통해서 시작된다. 만남을 통해서 우리는 서로를 발견하게 되고 서로에게 의미를 부여하게 된다.

우리가 살아가면서 이렇게 아름다운 인연으로 만날 수 있게 된 것 또한 너무 감사하고 늘 고마움을 느끼며 행복한 남은 인생을 위하여 더욱 더 큰 사랑을 베풀어야 한다.

꿈만큼 성공할 수 있는 그대를 사랑 한다

'그대의 꿈만큼 그대는 성공할 수 있습니다! 저희 회사로 오십시오.' 어느 회사의 신입사원 모집 광고 문안이다. 난 우연한 기회에 이 멋진 광고를 보고 고개를 끄덕였다. 바로 이것이다. 이런 회사라면 한 번 인생의 승부를 걸어볼 필요가 있을 것 같았다. 광고의 카피라이터가 누구며 기업의 목표가 어디까지 인지는 모르지만 내가 강의 때마다 강조했던 성공의 첫 번째 조건을 압축시킨 멋진 한마디 그대로였다. 성공하는 사람들은 다섯 가지 조건을 갖추어야 한다고 배웠고 내가 늘 강조하는 조건은 첫째로 꿈과 목표가 있어야 한다. 둘째로 자기가 속한 분야에 대해서 끊임없이 연구해야 한다. 셋째로 자신의 꿈을 반드시 이룰 수 있다는 신념이 있어야 한다. 넷째로 구체적인 계획을 세워야 한다. 다섯째는 행동과 실천으로 옮겨야 한다. 꿈이 없는 사람은 발전도 없으며 원대한 꿈을 품고 사는 사람들은 눈빛부터 다르기 때문에 금방 알아 볼 수 있다.

반짝반짝 빛나는 눈동자를 굴리며 자신의 꿈을 실현하기 위하여 계획을 세우고 연구하며 실천하는 사람은 누구나 성공하게 되어 있으며 그런 사람은 자신의 꿈을 꼭 이루어 내고야 말겠다는 신념에 꽉 차 있기 때문에 성공 할 수밖에 없다. 그런 사람은 어려움을 느끼거나 귀찮은 생각이 드는 일에 부딪치더라도 머뭇거리거나 쉽게 주저앉지 않는다. 처음에는 어려웠던 일도 열심히 노력하다 보면 선배들 보다 점점 더 수월하게 해결해 나갈 수도 있다. 사람은 누구나 자기 마음먹은 대로 될 수 있다고 확신하면 된다. 어느 정도 지식을 갖춘 사람이 꾸준히 자기 노력을 하고 능력을 개발하고 집중력을 기른다면 자신이 원하는 사람이 될 수 있는 것이다.

직장이란 끊임없는 변화의 물결 속에서 치열한 생존경쟁이 벌어지는 곳이며 그런 것에 대비하여 세계의 정치, 경제, 역시, 문회 등을 비롯해 국가 간의 이해관계에 대한 지식을 골고루 갖추어야 한다. 이 정도는 보통의 두뇌를 가진 사람이 노력한다면 충분히 해낼 수 있으며 멋진 미래의 꿈을 이루기 위해 지금부터 행동에 들어가야 할 때이다.

돈은 버는 것보다 쓰는 것이 중요하다

우리가 살면서 주위의 아는 사람을 살펴보면 현명한 사람들은 시간을 아끼는 것처럼 돈도 낭비하지 않는다. 단돈 백 원도 아끼며 단 일분도 쓸데없이 흘려버리지 않는다. 그들은 자신이나 다른 사람들에게 유익한 일이나 정신적인 기쁨을 누릴 수 있는 일에만 돈을 투자한다. 그러나 어리석은 대부분의 사람들은 그러하지 못하고 불필요한 것에 돈을 뿌리고 반면에 꼭 필요한 것에는 돈을 쓸 줄 모르는 경우가 많다.

특히 쇼핑을 할 때 보면 나타난다. 이런 사람들은 필요 없는 사치품이나 기호품 앞에서 서성대는 경우가 많으며 아무짝에도 쓸모없는 물건에 홀리는 경우가 많고, 꼭 시간이 지나 다음날 후회하는 경우가 많다. 점포 주인이나 판매원도 이런 사람들을 쉽게 알아보고 어떻게 해서든지 물건을 팔려고 온갖 수단을 무릅쓰고 덤벼든다. 결국 이런 사람들의 주변엔 온통 쓸데없는 물건들이 넘쳐나고 있다.

정말 꼭 필요하거나 마음에 와 닿는 물건들은 하나도 없다는 것을 나중에서야 깨닫게 되는 것이다. 아무리 돈이 많은 사람도 돈에 대한 철학이 없고 돈을 제대로 쓰지 못한다면 언젠가는 그 돈이 흔적도 없이 사라지는 경우를 우리 주위에서 볼 수 있다. 그러나 비록 가진 돈이 적어도 돈에 대한 철학이 있고 돈을 주의해서 쓰고 관리를 잘 한다면 최소한의 만족은 얻을 수 있는 것이다. 쇼핑을 할 때 값이 싸다는 이유로 필요치 않은 물건을 사는 일은 삼가야 할 일이다.

내가 돈을 지불할 때 가능한 현금으로 지불하라. 이 때 대리인을 통하지 말고 내가 직접 지불해야 돈을 아끼는 습관이 되며 조금이라도 줄일 수 있다. 괜한 자존심과 허영심 때문에 값비싼 물건을 사는 것도 삼가해야할 일이다.

내가 사들인 물건에 대한 지출 내용을 수첩에 상세하게 기록한다면 수입에 맞춰 생활하게 되므로 망하는 일은 절대로 없다. 자기 분수에 맞게 행동하면 된다. 자신의 위치와 상황을 확실하게 파악하고 가능한 일과 불가능한 일을 미리 생각해 보고 행동해야 된다.

자신이 가진 능력의 한계를 직시하면 된다. 돈을 쓸 때도, 말을 할 때도, 약속을 할 때도 내가 할 수 있는 것과 할 수 없는 것을 스스로 구별하여 처신해야 된다. 자기 분수에 맞지 않거나 능력의 한계를 벗어난 일은 실패의 지름길이 된다. 반대로 일단 최대한의 능력을 발휘하고 자기 능력에 맞게 행동하고 점차 능력의 범위를 조금씩 넓혀나간다면 이것이 성공의 지름길이 된다.

내 안의 자신감을 일깨워라

살아가면서 성공을 위해 일하는데 가장 중요한 것은 자신감이다. 자신감은 사람들이 어려움을 처하게 되었을 때 뒤로 물러서지 않고 앞으로 나아갈 수 있는 동력을 부여해 주기 때문이다.

유능하다고 인정받는 사람들도 절대적인 기준에 의해 평가된 것은 아니며 다만 다른 사람들과 비교해 볼 때 상대적으로 자신감이 강하다는 것이다. 자신감(Self-Efficacy)이란 어떤 어려운 일을 맡더라도 충분히 잘 해낼 수 있다는 자기 자신에 대한 확신을 뜻한다.

자신감은 어떤 어려운 일에 봉착하더라도 이 어려운 일을 해결하기 위해서 모든 에너지를 쏟고 결국에는 해내는 힘을 가지고 있다.

하지만 그렇지 못한 사람은 문제가 생기면 걱정부터 하게 되고 두려움에 사로잡혀 일을 제대로 처리하지 못하게 된다.

직장에서도 똑같은 역량을 가지고 있지만 성공하는 사람과 실패하는 사람의 차이는 바로 자신감에서 좌우되는 것이며, 인생살이에서 자신감이 없다면 좋은 성과를 내거나 목표에 달성할 수 없다.

특별히 능력이 뛰어나지 않고 교양을 쌓지도 못했지만 쾌활하고 적극적이며 끈기를 가진 사람이 출세하는 경우를 종종 볼 수 있을 것이다. 그런 사람은 상대방에게 거부당하는 일이 거의 없다. 어떤 고난을 당하고 역경에 처해 있어도 좌절하지 않는 내 안의 자신감이 있기 때문이다. 몇 번을 넘어지더라도 일어나서 목표를 향해 가면서 끝내 자신의 의지를 관철시키는 힘이 자신감이다. 자신감이 있는 사람이 인격과 교양을 갖추면 훨씬 더 빠르고 확실하게 목적을 이룰 수 있다.

성공하는 인생으로 가는 길은 먼저 능력을 갖추고 주관을 뚜렷하게 세우고 자신감 있는 행동을 하는 것이다. 그것을 다른 사람들한테 드러낼 필요는 없으며 불굴의 의지와 끈기를 지녀야 한다. 그러면 무엇이든 두려울 게 없다.

무슨 일을 시작할 때 그 일의 가능성과 불가능성을 분별할 줄 알아야 한다. 만약 어려운 일이긴 해도 불가능하지 않다면 기필코 해내겠다는 정신력과 끈기가 성패를 가름한다. 물론 이 때 주의력과 집중력이 따라야 하는 것은 두말할 필요가 없으며 내 안의 자신감을 일깨워야할 것이다.

겸손한 사람을 사랑하는 이유

아름다운 사람을 보거나 좋은 그림을 보면 즐겁고 행복하다는 생각이 든다. 좋은 노래를 잘하는 사람도 멋지게 보이고 특히 무대에서 강의를 잘하는 사람은 닮고 싶고 사랑스러울 뿐 아니라 존경스럽기까지 한다.

그러나 겸손하지 못하고 잘난 척은 외모가 아무리 아름답고 멋져도 금이 간 사기그릇처럼 보기 싫은 것으로 이런 것은 언제 깨질지 모르는 것이며 사랑스럽고 아름다운 그런 마음이 내 마음속에서 언제 사라질지 모른다.

학식이 풍부한 사람은 자기 지식만 믿고 남의 의견에는 귀를 기울이지 않는 경우가 많다. 그런 사람은 자기 생각을 일방적으로 강요하고 결론도 혼자 내리는 사람이다. 그러나 강요당한 사람은 심한 모욕감을 느끼며 상처를 받았기 때문에 독단적인 말을 따르지 않는다. 아무리 많이 배우고 실력이 아무리 많아도 교만과 잘난 척은 겸손하지 못한 행동으로 사람들이 싫어하는 이유가 된다. 많이 배울수록 겸허하고 겸손해야 사랑을 받을 수 있다. 지나

24

치게 자기 자신을 내세우지 말고 남들이 의견을 제시하면 함부로 자르지 말고 누군가를 설득하고 싶으면 먼저 상대방의 말을 잘 경청하고 겸허한 마음을 유지해야 하는 것이다. 자기 지식은 자랑하지 않아도 언젠가 실력을 발휘할 기회는 꼭 있다. 사람들과 대화할 때 함께 어울려 편안하게 얘기하라. 어려운 표현을 쓴다거나 말을 화려하게 꾸미는 것보다는 자연스럽고 순수하게 의견을 전달하는 것이 좋다.

상대방보다 좀 더 우월하게 보이려고 자기 지식을 과시한다면 오히려 역효과만 낳게 된다. 겸손해야 진정한 실력과 능력을 인정받아 사랑을 받을 수 있으며 심한 교만은 버리기 힘든 고질병으로 패망의 선봉으로 가는 짓이며 아무리 훌륭한 학문도 남이 인정해주지 않으면 쓸모없는 장식품에 불과하다. 잘나가고 큰 성공을 한 사람일수록 겸손해야 진정으로 보람 있고 인정받는 아름다운 성공자가 되는 것이다.

가치 있고 행복하게 사는 방법

행복을 느끼며 산다는 것은 시대에 따라, 사회에 따라, 사람의 능력에 따라 다를 수 있지만 마음먹기에 따라 얼마든지 행복하고 가치 있게 살 수 있는 것이다. 가치 있고 행복하게 살기 위해서는 10가지 생각을 지켜야 한다.

1) 삶을 있는 그대로 받아들여라.
   삶의 배움을 얻는다는 것은 삶을 완벽하게 만드는 것이 아니라 있는 그대로 삶을 받아들일 줄 알게 되는 것이다.
2) 배움을 얻기 위해 홀로 여행을 떠나 보라.
   배움을 얻는다는 것은 자신의 인생을 사는 것을 의미한다. 갑자기 더 행복해지거나 강해지는 것이 아니라 세상을 더 이해하고 더 평화로워질 수 있다. 아무도 배워야 할 것이 무엇인지 알려주지 않는다. 스스로 발견할 수 있는 것이 여행이다.
3) 사랑하는 법을 배워라.
   어떻게 하면 자신을 사랑하는 법을 배울 수 있을까? 이것은 가장 큰 도전이며 어려운 일이지만 대부분 어릴 때 자신을 사랑하는 법을 배우지 못했다. 자신에 대한 너그러운 마음을 갖는 것부터가 사랑이며, 가장 강력한 사랑의 표현은 곁에 있어주는 것이다.

4) 스스로 사랑받을 가치가 있는 사람이 되기 위해 노력하라. 완전한 삶은 자기 자신 안에서부터 나와야 한다.

5) 생의 마지막 순간에 간절히 원하게 될 것을 지금 하라. 삶의 마지막 순간이 되면 바다와 별이나 사랑하는 사람을 한 번 더 보고 싶어 한다. 지금 그들을 보는 것이 더 현명한 방법이다.

6) 배울 준비가 된 사람에게만 스승이 나타난다. 사람들은 누구나 행복할 자격이 있으며 좋은 친구가 될 수 있고, 아름다움을 누릴 자격이 있으니 간절히 바라고 노력하면 얻을 수 있다.

7) 두려움을 버리고 사랑을 택하라. 행복, 불안, 기쁨, 분노 등 우리가 평생 받는 감정은 많지만 부정적인 두려움은 없애고 긍정적인 사랑을 택하면서 살아야 삶의 모험에서 승자가 될 수 있다.

8) 작은 것에 만족하라. 만족을 알아야 한다. 아직도 건강이 있고 사용할 시간이 있고 가정이 있고 기회가 있음에 감사해야 한다.

9) 소박한 삶에서 기쁨을 찾아라. 소박한 기쁨을 찾아야 한다. 물질에서 만족을 찾지 말고 부지

런함과 성실함 그리고 깨끗함에 기쁨을 찾아야 한다.

10) 기쁨을 만드는 능력을 키워라.

환경이 어렵고 힘들어도 그 속에서 기쁨을 만드는 능력이 있는 사람이 행복하게 사는 사람이다.

사람들은 누구나 행복할 자격이 있으며 좋은 친구가 될 수 있고, 아름다움을 누릴 자격이 있으니 간절히 바라고 노력하면 얻을 수 있다. 기쁨을 만드는 능력을 키우자.

우리의 인생에서 가장 중요한 때는
바로 지금이다

이 세상을 살아가면서 가장 중요한 때는 바로 지금 이 순간이며 가장 중요한 사람은 지금 함께 있는 사람이다. 가장 중요한 일은 지금 우리 곁에 있는 사람들을 위해 좋은 일을 하는 것이다. 그것이 우리가 이 세상을 살아가는 이유인 것이다.

대부분의 사람들은 과거에 저지른 실수를 생각하며 아직 오지도 않은 앞일을 미리 걱정하는 경우가 많다. 틈만 나면 아쉽게 놓쳐버린 기회를 후회하기도 하지만 그러나 아무 소용없는 일이다. 후회하는 순간에도 시간은 계속해서 흘러가고 있으며 되돌릴 수는 없기 때문이다. 바로 이 순간이 우리가 진정으로 살아 있는 가장 중요한 시간이지만 우리가 살아오면서 생각하면 현재를 즐기면서 살라고 말해주는 사람이 없었다. 오히려 반대로 끊임없이 과거를 거울삼아 현실로 연결 지으며 살아가야 한다고 배웠던 기억뿐이지만 이제부터는 그런 강박관념에서 벗어나야 한다.

우리의 인생에서 가장 중요한 때는 바로 지금 이 순간이기 때문이다.

물론 우리가 하고 싶은 일이나 생각을 곧바로 실행에 옮기거나 현재의 감정을 곧바로 표현하기 힘들 때도 있다. 그러나 이제부터는 과거나 미래에 대한 걱정 때문에 현재 이 순간을 시간만 허비하며 살아간다면 미래는 더욱 더 힘이 들 것이다. 지금 이 순간에는 우리 곁에 있는 사람과 따뜻한 사랑이 무엇보다 가장 중요함을 알아야 한다. 사랑과 시간은 기다려 주지 않기 때문이다.

이 세상을 살아가면서 가장 중요한 때는 바로 지금 이 순간이며
가장 중요한 사람은 지금 함께 있는 사람이다.

목표가 있는 사람이라면
나이를 생각하지 말라

대학을 20대에 나와서 지금까지 직장을 다니는 사람과 20대부터 직장을 다니다 지금 살만하고 시간적 여유가 생겨 50대 이후에 대학을 다니는 사람과의 차이점은 무엇이 얼마나 날까? 결론은 '별 차이가 없다' 라는 것이다.

무슨 일을 하는데 있어 나이는 별로 중요하지 않기 때문이다. 장수하는 사람들의 공통점을 찾아보니 그들이 중요하게 여기는 것 중 하나는 나이를 생각하지 않고, 하고 싶은 일을 해야만 오래 산다는 이야기가 있다.

인간의 목표는 건강하고 행복하게 오래 사는 것이며 자기가 하고 싶은 일을 하는 것이다. 나이는 자신이 하고자 하는 일을 하는데 아무런 장애요인도 될 수 없다. 그러나 살아가면서 자신에게 기회가 왔다면 기회를 놓치지 않도록 심혈을 기울여 꼭 잡고 최선을 다해야 한다. 이 세상에 살다보면 많은 기회가 오기도 하고 사라질 때도 있기 때문이다. 자신에게 돌아온 기회를 잡지 못했다고 아쉬워하지 말고 스스로 기회를 또 한 번 만들어야 한다. 기회는 얼마든지 만들 수 있는 것이다. 자신이 처해있는 현재의 상황을 잘 생각해보고 자신이 무엇을 하고 싶은지 스스로에게 물어보면 기회는 눈에 보이게 되어 있는 것이다.

자신이 진정으로 하고 싶은 것과 가장 잘 할 수 있는 것을 결합시키면 기회가 만들어지는 것이다. 자신이 하고자 하는 일이 얼마나 어려운 일인지 생각지 말고, 얼마나 재미있는 일인지를 먼저 생각하고 늘 긍정적인 생각으로 즐거워서 하는 일이 되어야 한다. 자신이 하고 싶은 일이 가장 자신 있는 일이고, 진정으로 꼭 하고 싶다면 크게 힘이 든다고 생각하지 않기 때문이다. 그 일을 하는데 있어서 너무 급하게 서두르지 말고, 하나하나씩 목표를 향해 나가면 언젠가는 꼭 이루어질 수 있다. 하고 싶은 일을 하나씩 성취하는 기쁨이 바로 행복이며 목표가 있는 사람은 늘 책과 신문을 가까이 해야 한다.

인생을 바꿔주는 칭찬을 많이 하라

칭찬은 자신감과 능력을 키우게 할 뿐만 아니라 불가능도 가능하게 하는 힘이 있으니 우리가 살아가면서 칭찬하는 습관을 길러야한다.

1) 칭찬을 하면 칭찬 받을 일을 하게 되고 비난을 하면 비난 받을 짓을 한다. 사람을 바꾸는 힘은 오직 칭찬밖에 없다.
2) 칭찬을 받으면 바보도 천재로 바뀔 수 있다. 바보온달을 장군으로 만든 것도 평강공주의 애정 있는 칭찬이 있었기에 가능했다.
3) 칭찬의 기적 노트를 만들어 보라. 칭찬하는 방법을 연구해서 바로 노트에 기록 해보라. 이 노트는 시간이 지나면서 기적의 노트가 된다.
4) 우리가 흔히 보면 어린아이한테 돈을 주는데 돈은 순간의 기쁨을 주지만 칭찬은 평생의 기쁨으로 이어진다. 어린아이에게 칭찬을 해주고 또 해보라.

5) 사람들에겐 자기도 모르는 장점이 있다. 바로 그 부분을 찾아서 칭찬하면 된다. 그 기쁨과 감동은 무엇과도 바꿀 수 없는 행복이 될 것이다.

6) 칭찬을 하게 되면 마음이 서로 열리고 내가 네가 되고 네가 내가 되니 서로 하나가 되는 방법이 된다. 서로 가까워지는 방법도 칭찬은 큰 효과가 있다.

7) 부자가 되고 싶으면 칭찬하는 노력을 먼저 하라. 칭찬은 보물 찾기와 같아서 보물을 많이 찾는 사람이 최고의 부자인 것이다.

8) 칭찬을 하면 칭찬하는 사람도 기분이 좋아지고 비난을 하면 비난하는 사람도 기분이 나쁘게 된다. 내게 나간 말은 내게로 되돌아온다는 원리이다.

9) 고객 만족, 고객 감동이 없는 기업은 절대 발전할 수 없다. 칭찬은 이 두 가지를 모두 만족시키고도 남는 위대한 덕목이다.

10) 자기를 칭찬하는 사람이 남도 칭찬할 수 있다. 먼저 자신을 칭찬해보라. 칭찬에 숙달된 조교가 성공적인 삶을 만들게 된다.

11) 칭찬을 받으면 발걸음이 가벼워지고 입에서 노래가 저절로 나온다. 칭찬하는 사람은 좋은 사람이며 좋은 사람의 대우를 받는다. 좋은 사람이 좋은 생각을 하고 좋은 생각이 좋은 세상을 만든다.

12) 칭찬은 웃음꽃을 만들어 주는 마술사이다. 개나리, 진달래, 장미도 아름답지만 웃음꽃이 더 아름다운 세상을 만든다.

13) 사람들에겐 누구나 무한한 가능성과 능력을 지니고 있다. 처마 밑의 주춧돌이 빗방울에 의해 홈이 파지듯 반복된 칭찬은 위대한 결과를 만들어준다.

14) 칭찬은 아름다운 마음의 표시이다. 아름다운 마음이 있어야 아름답게 보이듯이 칭찬하는 사람이 칭찬받는 사람보다 아름다워 보인다.

15) 남의 약점은 보지도 듣지도 말하지도 말아라. 남의 약점도 나의 약점이 될 수 있다. 남을 비난하면 언젠가 내게로 되돌아오기 때문이다.

칭찬은 웃음꽃을 만들어 주는 마술사이다. 개나리, 진달래, 장미도 아름답지만 웃음꽃이 더 아름다운 세상을 만든다.

이 세상에 공짜는 없다

조선시대 제 21대 임금인 영조대왕은 학문과 지혜를 숭상하는 어진 임금이었다. 영조대왕은 어느 날 훌륭한 학자들을 불러놓고 "오늘부터 우리 후손들에게 물려줄 가장 좋은 성공의 지혜들을 모아 책을 만들어 오시오" 이렇게 말하자 1년 뒤 성공의 지혜가 담긴 책 12권을 만들어 학자들은 바쳤다.

임금은 흐뭇한 표정으로 다 읽어보고 이 책은 내용은 훌륭하나 너무 분량이 많아 후손들이 즐겨 읽지 않으면 무슨 소용이 있겠소? 이렇게 말하자 학자들은 고민 끝에 단 한 권으로 다시 엮어 임금께 바쳤다.

이 책도 분량이 많은 것 같은데 더 짧게 한마디로 압축할 수는 없겠소? 이렇게 말하자 학자들은 오랜 시간 토론한 후에 단 한마디 말로 압축하여 임금님께 바쳤다.

임금은 박수를 쳤다. 임금이 박수치며 격려한 성공의 지혜가 담긴 한마디 말은 "이 세상에 공짜는 없다"는 단 한마디였다. 오늘날에도 맞는 말이다.

세상 살아가면서 공부든 건강이든 또 다른 무엇이든 쉬지 않고 꾸준하게 노력했을 때만 비로소 좋은 결과가 얻어진다는 얘기다. 우리가 진정 행복하고 성공된 삶을 추구한다면 노력하지 않고는 되는 것이 하나도 없으며 좋은 생각이 있다고 하여도 실행으로 옮겨야 성공 인생의 길로 가는 것이다.

사필귀정이란 말이 있듯이 세상은 거짓이 없이 간절히 원하고 노력하는 자만 성공의 기회를 주는 것이다.

사람은 흘린 눈물만큼 인생의 깊이를 안다

벼는 익을수록 고개를 숙이는 것이며 눈물도 많이 흘려본 사람이 인생의 깊이를 아는 것이다. 누구나 살아가면서 배움이 부족함을 느낄 때가 있을 것이다.

늘 배우고 싶고 하고 싶은 공부가 있어 밤을 새며 책을 읽을 때마다 사람들 대부분이 그 나이에 사업과 함께하면 대학 공부가 너무 힘들다며 둘 중에 하나는 접어야 건강을 유지할 수 있을 것이라며 말린 적이 있었다. 반대하던 그 많은 사람들을 위해서라도 더욱 더 책 읽기를 멈출 수 없었다.

젊은 시절 대기업에선 능력보다 학력을 중시하여 실력을 인정해 주지 않아 울어본 적이 있었기에 지금 그 한(恨)을 풀고 있는 것 인지도 모르겠지만 내가 눈물이 없는 사람을 싫어하는 이유는 눈물이 없는 사람은 가슴이 없으며 삶의 의미를 모르기 때문이다. 바닥까지 추락해보고 성공한 사람은 눈물을 사랑하며 삶의 의미와 인생을 알고 그 뿌리가 깊어 잘 흔들리지 않기 때문이다.

바닥엔 가시가 깔려 있어도 양탄자가 깔려 있는 아름다운 청실홍
실의 방처럼 아늑할 때가 있다.

이제는 더 이상 내려갈 수 없는 나락에 떨어지면 차라리 다시 일
어서서 오를 수가 있어 좋은 것이라 생각하라. 눈물을 흘려본 현
대의 젊은이라면 실패한 사랑 때문에, 실패한 사업 때문에, 실패
한 시험 때문에 인생의 밑바닥에 내려갔다고 주저앉지 말아라.
희망조차 보이지 않는다고 실망하지 마라. 무슨 일이든 맨 처음
으로 돌아가 다시 시작하면 되는 것이다. 사람은 흘린 눈물만큼
인생의 깊이를 알며 눈물보다 아름다운 것은 다시 시작하는 용기
와 희망이다.

포기하지 않는 사람이 가장 아름답다

책과 가까이 하는 사람은 행복을 논할 시간이 없다. 책을 다 읽고 나야 흐뭇하고 행복함을 느끼게 되기 때문이다. 책만 잡으면 5분도 안되서 잠이 쏟아지고 눈이 침침하다 못해 따갑기까지 하여 찬물로 눈을 여러 번 닦아 보지만 흐르는 세월 앞에선 누구나 속수무책이다. 그러나 책을 포기하지 못하는 이유가 몇 가지 있다. 그중 하나가 할렌이라는 63세 노인 때문이다. 할렌은 자기명의로 소유한 식당 및 숙박업을 10여년 동안 경영해왔다.

몇 년 전 그는 약 5억 정도의 돈을 받고 사업을 넘길 것을 제의받았으나 아직 은퇴할 생각이 없다는 이유로 정중히 거절했다. 2년 후 정부에서 그의 사업장을 우회하는 새로운 고속도로를 건설하게 되었다. 1년도 되지 않아 할렌은 모든 것을 잃었다. 그의 나이 65세에 완전히 파산을 하게 되었고 사회보장제도로 나오는 적은 액수의 금액 이외에는 수입이 없었다.

사업을 망친 정부를 상대로 소송을 걸 수도 있었지만 그는 그렇게 하지 않았다. 다시 시작하기는 너무 늦어 버렸다고 술을 마시며 한탄도 하지 않았다. 그가 자신 있게 할 수 있는 일은 치킨을 요리하는 일이었는데 아마 누군가가 그 지식을 필요로 할 것이라고 생각하고 그 아이디어를 팔기 위해 고물 차에 압력조리기와 자기만의 특별 조리법을 가지고 길을 떠난다. 힘든 길이었다. 모텔에서 잘 돈이 없어 차 안에서 자는 일이 허다했다. 모든 식당들이 그의 제의를 거절했다. 할렌은 1009번 거절당한 후에야 그의 꿈을 믿어주는 사람을 발견할 수 있었다. 몇 년 후 할렌은 치킨 전문 식당을 열었고 이 식당은 전세계에 수 천 개 지점의 본점이 되었다. 그의 이름이 할렌 센더스이다. 커널 센더스라고 하면 알기 쉬울 것이다. 바로 캔터키프라이드 치킨을 세운 전설적인 인물이다.

커널 센더스는 나이나 사업의 실패를 이유로 포기하지 않았다. 63세의 나이였지만 이런 투지가 있었다. 그리고 오늘날 유명한 성공자가 된 것이다. 거절당하면 다른 곳에 가서 또 요구하여 1009번을 도전한 것이 아니라 될 때까지, 할 때까지, 이룰 때까지 도전했던 것을 생각하면 젊어서 고생이나 생활이 힘들다고 하고 싶은 것을 포기할 수는 없다. 요즘 성공한 인생 선배들이 더욱더 아름다워 보이는 것은 바로 끝까지 포기하지 않고 목표를 달성한 오뚝이 같은 인생을 배우고 싶고 존경하기 때문이다.

사랑에서 유일한 계산은 내가 얼마나 사랑을 줄 수 있을까를 고민하는 것이다. 그것마저 사랑하는 동안에는 잊어버리는 것이 진정한 사랑이다.

살아가면서 더욱 더 사랑받고 사는 방법

나이가 들수록 신체와 주변 환경을 모두 깨끗이 해야 하며 자주 목욕도 하고 주변도 가끔씩 정리 정돈하고 자신에게 필요 없는 물건을 과감히 덜어 내야 한다. 귀중품이나 패물은 유산으로 남기기보다는 살아생전에 선물로 주는 것이 효과적이고 받는 이의 고마움도 배가 된다.

항상 용모를 단정히 해 구질구질하다는 소리를 듣지 않도록 해야 된다. 젊은 시절에는 아무 옷을 입어도 괜찮지만 나이가 들면 비싼 옷을 입어도 태가 나지 않는 법이기 때문이다. 젊은이에게 장광설과 훈수는 모임의 분위기를 망치고 사람들을 지치게 만드니 말 대신 박수를 많이 쳐 주는 것이 호감을 받는 비결이다.

나이가 들수록 회의나 모임에는 부지런히 참석해야 하며 집에서 칩거하거나 대외 활동을 기피하면 정신과 육체가 모두 병이된다. 동창회나 향우회 옛 직장 동료모임 등 익숙한 모임보다는 새로운 사람들과 자주 만나는 이색모임이 더 좋다.

언제나 밝고 유쾌한 분위기를 유지하는 것이 좋으며 나이가 많지만 지혜롭고 활달한 사람은 주변을 활기차게 만들 수 있다. 짧으면서도 곰삭은 지혜의 말에다 독창적인 유머 한 가지를 곁들일 수 있으면 더 바랄 것이 없는 것이다. 돈이든 일이든 공부든 자기 몫을 다 해야 하며 지갑은 열수록 입은 닫을수록 대접을 받는다. 이렇게 실천한다면 우선 자신이 즐겁고 가족과 주변사람들로 부터는 존경과 환영을 받게 될 것이다.

사랑이란 주는 것만큼 오는 것도 아니고
받은 만큼 돌려주는 것도 아니다.

난 누구에게 얼마나 사랑을 줄 수 있을까?

사랑은 크게 내리 사랑, 아가페 사랑, 에로스 사랑, 플라토닉 사랑으로 나눈다. 내리 사랑은 부모가 자식을 사랑하는 조건없는 사랑이며, 아가페 사랑은 절대적인 사랑이다. 에로스 사랑은 육체적 사랑이며, 플라토닉 사랑은 정신적 사랑이다. 사랑이란 주는 것만큼 오는 것도 아니고 받은 만큼 돌려주는 것도 아니다.

돌아올 것이 없다고 해도 쉼 없이 주는 사랑에서 얻는 행복이 더 크다는 것을 알아야 한다. 걱정해 주는 따뜻한 말 한마디가 상대를 바라보는 진실한 눈빛이 그리고 사랑하는 마음을 담아 잡아주는 따뜻한 손의 온기가 곧 행복을 부르는 신호인 것이다. 우리가 사랑에 힘들어 하는 것은 그만큼 바라고 있는 것이 많기 때문이다. 내가 주기 보다는 상대에게서 받고자하는 욕망이 더 크기 때문에 실망도 불어나는 것이다. 사랑에는 계산이나 산수가 필요 없다. 사랑에서 유일한 계산은 내가 얼마나 사랑을 줄 수 있을까를 고민하는 것 말고는 존재하지 않기 때문이다. 그것마저 사랑하는 동안에는 잊어버리는 것이 진정한 사랑이다.

미국대학 교수가 된 자랑스런
한국여인의 어머니

정우선교수의 성공 비결은 바로 어머니의 사랑이었다고 말했다. 사춘기 시절에 공부도 안 되고 자기 얼굴을 보면 늘 괴롭고 사람들이 힐긋힐긋 쳐다보는 것이 너무 싫어 일기장엔 죽어버리고 싶다는 글로 가득했다.

정교수는 초등학교 시절 운동회에서 뇌성마비였기에 4명이 달려 4등을 했지만 끝까지 달린 딸에게 어머니는 "넌 정말 최고야" "넌 다른 애들과 다를 게 없어" 하며 할 수 있다."라는 칭찬을 아끼지 않았다.

칭찬의 말을 들으면 일단 기쁘지만 받는 사람에겐 그 이상의 의미가 있는 것이다. 칭찬을 받으면 좀 더 잘해야겠다는 생각이 들고 자신이 깨닫지 못했던 능력이 있음을 확인하게 되어 더욱 분발하게 되며 서서히 일에 재미를 느껴 능동적으로 변하게 되는 것이다.

칭찬은 미처 깨닫지 못했던 마음에 용기와 열정을 불어넣어 새로운 꿈을 꾸게 되며 하면 된다는 가능성을 심어주는 마술사 같은 효과가 있다. 바로 엄마의 칭찬과 격려가 그를 다른 사람들처럼 뭐든지 할 수 있다는 자신감을 갖게 해 주어 오늘날 미국대학의 교수까지 된 것이다.

그는 그의 자서전에서 "기적은 기적처럼 오지 않는다." 기적이란 진정으로 할 수 있다고 생각하면서 노력한다면 이렇게 간절히 바라는 마음이 이루어지는 것이다. 라고 말했다. 우리의 어머니들이 칭찬과 격려가 약했던 것은 무엇 때문 일까?

칭찬과 격려로 미래의 주인공들인 자식들에게 오늘부터 한마디씩 용기를 주자.

좋은 글, 좋은 말로 칭찬해야 하는 이유

이 세상에서 가장 소중한 아들과 딸이 성공하기를 바란다면 말을 하기 전에 한번쯤 생각하고 말하는 습관을 가져야 한다. 사람들은 말을 먹고 자라는 동물이기 때문이다. 어떤 말을 들으면서 자랐는지에 따라 그 결실이 달라지기 때문이다. 미국의 어느 교도소의 재소자 90%가 성장하는 동안 부모로부터 "너 같은 녀석은 결국 교도소에 갈 거야." 하는 소리를 들으면서 자랐다는 것이다. 괴테는 이렇게 말했다. "인간은 보이는 대로 대접하면 결국 그보다 못한 사람을 만들지만 잠재력으로 대접하면 그보다 큰 사람이 된다." 그러므로 우린 늘 희망적인 말과 칭찬을 습관화 해야 하며 특히 자녀에게는 칭찬과 좋은 말이 보약보다 낫다는 것이 사실이다.

감동적인 예화가 있어서 소개한다.

미국의 존스 홉킨스병원 소아신경외과 과장인 벤 카슨은 세계 최초로 샴쌍둥이 분리수술에 성공한 의사이며 국내에도 소개된 "크게 생각하라"의 저자인 그는 흑인 빈민가 출신의 열등생에서 세계 최고의 소아과 의사로 성공하여 오늘을 살아가는 젊은이들에게 꿈과 희망을 주고 있다. 하루는 그에게 기자가 찾아와 물어봤다. "오늘의 당신을 만들어 준 것은 무엇입니까?" "나의 어머니 쇼냐 카슨 덕분입니다."

어머니는 내가 늘 꼴찌를 하면서 흑인이라고 따돌림을 당할 때, "벤, 넌 마음만 먹으면 무엇이든 할 수 있어!"라는 말을 끊임없이 들려주면서 내게 격려와 용기를 주었습니다.

이처럼 큰 인물들 뒤에는 "넌 할 수 있다."라는 칭찬의 말을 자주 들려주는 사람이 꼭 있었다는 것이다. 좋은 말과 칭찬을 자주 한다면 자녀에게는 큰 힘이 되고 용기가 되어 큰 인물이 될 수 있는 것이다.

사랑할 수 있는 마음을 키워라

사람들은 누구나 늘 채워짐이 부족한 마음과 완벽 하고픈 생각의 욕심을 버리기 어렵다. 많은 사람들의 마음은 채워도 채워도 채워지지 않고 부족하다고 생각한다.

사람들은 늘 나 자신만은 늘 완벽한 것처럼 말들을 하고 행동들을 하는 경우가 많으며 자신은 잘못된 것이 없으며 남들의 잘못만 드러내고 싶어 하기도 한다.

남들의 잘못된 일에는 험담을 일삼고 자신의 잘못은 숨기려 하며 그러면서 남의 아픔을 즐거워하기도 하고 나의 아픔을 알아주는 이가 없어 서글퍼 하기도 한다.

남의 잘못을 들추어내며 허물을 탓하고 험담을 입에 담는다면 남들도 돌아서면 자신의 허물과 험담이 더욱 부풀려서 입에 오른다는 것을 잊지 말아야 한다.

조금은 부족한 듯이 마음을 비우고 조금 덜 채워지는 넉넉한
마음으로 조금 물러서는 여유로움으로 조금 무거운 입의 흐름
으로 간직할 수 있는 넓은 마음의 부드러움을 느끼며 살아갈
수 있는 사랑하는 마음이 절실한 때이다.

지금부터 10년이 우리에겐 폭포수와 같다

우리에게 가장 중요한 시간은 지금부터 10년이다. 지나간 10년보다 앞으로 10년이 우리의 남은 인생을 좌우한다 해도 과언은 아닐 것이다. 목표를 향해 바쁜 생활을 시작하면서 세상과 삶에 대한 시선을 알게 되며 인생의 구체적인 것을 알게 되고 생각하고 우리가 행동으로 옮긴 모든 것들이 바로 우리 개인의 역사라는 것을 알게 되었다.

다른 사람들과 다른 시선 다른 생각 다른 행동이 바로 자신의 독특한 운명이며 다양한 사회 속에서 나의 가치를 인정받는 길이다. 지금부터 10년은 자신이 하고 싶은 일을 더 이상 미루면 절대로 안 된다.

지금부터 10년은 좋아서 하는 일에 내 자신을 던져야 한다. 좋아하는 일로 본업을 삼고 그곳에서 꼭 성공해야 하며 보람을 찾아야 한다. 그러기 위해선 평생 학습하고 연구는 계속 되어야 하며 매일 몇 시간은 자신의 미래를 위해 투자하는 멋진 현대인이 되어야 한다.

살다보면 잘못 생각하여 인생 항로를 바꾸거나 포기하는 사람을 주위에서 볼 때마다 가슴이 아프며 무엇으로 도움을 주어야 할지 고민할 때도 있다.

지금부터 10년을 어떻게 보내느냐에 따라 우리의 남은 인생이 좌우된다. 지나간 10년보다 앞으로 10년은 폭포수처럼 빠르며 지금의 힘든 생활도 머지않아 그리워할 때가 있을 것이다.

힘든 것은 순간이지만 참고 견디면 곧 우리의 생각과 꿈이 이루어지며 우리의 생각이 헛되지 않았다는 것을 우리의 가족에게도 보여줄 수 있다. 우리가 진정 남기고 가야할 것은 돈은 아니라 지덕 체를 겸비하고 늘 사랑과 봉사정신을 실천으로 옮기는 부모였음을 기억하도록 하는 것이다.

누구나 가장 듣고 싶은 말은 칭찬이다

살아가면서 수많은 말 중에서 가장 아름답고 들어서 기분 좋은 말은 칭찬이다. 마크 트웨인은 좋은 칭찬을 들으면 그것만 먹어도 두 달은 살 수가 있다고 하였다. 그래서 사람들은 칭찬과 격려의 말을 예술이라고 까지 말을 하고 있다.

정말 그렇다. 지금 대부분의 사람들은 음식을 못 먹어서 배고픈 것이 아니라 칭찬과 격려와 긍정적인 생각과 미소에 목말라 있다. 부정적인 말을 삼가고 늘 긍정적인 말과 칭찬을 해보자. 불평이나 원망의 말, 상처 주는 말은 하지 말고 좋은 말, 칭찬으로 때론 격려의 말로 듣는 사람을 기쁘게 만들어 보자. 칭찬이나 격려는 기적을 낳을 수 있다.

칭찬과 격려는 기적을 낳을 수 있다.

수학을 잘한다고 늘 칭찬했던 아들은 수학과에 입학했고 그림을
잘 그리고 손재주가 뛰어나다고 칭찬했던 딸은 디자인과에 합격
해서 놀랬던 기억이 생생하고 음식 솜씨가 뛰어나다고 늘 칭찬했
던 아내는 요리전문가가 되었다. 칭찬이나 격려는 받는 사람의
기쁨이 크지만, 칭찬이나 격려하는 사람에게도 기쁨이 남아 있다.
칭찬이나 격려는 꽃과 같아서 그것을 주는 사람의 마음에도 늘
향기와 흔적을 남기게 되기 때문이다.

최승렬의

좋은사람 좋은생각

" 100년이 지나도
남기고 싶은 좋은 책
100권을 압축시킨
좋은 인생철학 책 "

Part 2

좋은 사람, 좋은 생각, 좋은 세상(Ⅱ)

칭찬받는 사람보다 칭찬하는 사람이 더 아름답게 보인다

송지효라는 탤런트가 말한 유재석론이 화제가 된 적이 있다. 어느 인터뷰에서 "재석 오빠는 뼛속까지 노력하는 진정한 노력파이다. 이런 사람이 세상에 두 번 다시 있을까 할 정도로 모든 일에 노력을 쏟는 사람" 이라고 말했고 또 어느 인터뷰에선 "유재석 오빠는 정신과 영혼 자체가 성실하고 깨끗해요. 근본이 성실한 사람이라는 말이 맞겠죠." 그리고 또 어느 예능 프로에서는 "예능 프로그램이나 다른 작품 활동을 통해 밝혀진 고정관념이 있을 텐데 재석 오빠를 보면서 내가 가진 게 배부르고 허세라는 것을 알게 됐다."라는 철학마저 펼쳐놓았다. 그런데 지효가 재석을 칭찬했는데 지효가 더 아름답게 보이는 이유가 무엇일까? 칭찬할 줄 아는 착한 마음도 아무나 하는 것은 아니기 때문이고 칭찬한 그도 언젠가는 칭찬으로 되돌아 오는 것이 인간관계이다.

우린 우리 아내나 남편의 외모나 생각에 대해 얼마나 자주 칭찬했는가 생각해보자. 아내가 준비한 저녁 식사가 정말 훌륭했다고, 남편이 세차했을 때 차가 반짝반짝 빛난다고, 그리고 연인이나 주변에서 유머 감각이 뛰어나 함께하는 시간이 즐거웠다고 말해준 적이 있는가 생각해보라.

사랑하며 가까운 사이일수록 자주 칭찬하는 것이 좋다. 칭찬은 사랑한다는 또 다른 표현이기 때문이다. 지금부터 사랑하는 사람의 모습에서 칭찬할 모습을 찾아보며 칭찬해보라. 상대방이 칭찬하는 모습에 어색해 할 수도 있지만 사랑과 진심이 담긴 말임을 다시 한번 확인시켜 주는 것이 좋다. 칭찬은 상대방에게 사랑의 표시이며 언제나 가식이 아닌 진심이어야 한다는 것을 명심해야 한다.

꿈을 자주 꾸면 현실이 된다

우리는 살아가면서 많은 꿈을 꾸게 된다.

결혼한지가 아무리 오래된 부부라도 얼마든지 새로운 사랑과 친밀함을 경험하고 느낄 수 있다. 사랑을 하게 되면 서로를 변화시키고 서로가 살아가는 내내 변화와 사랑을 부부도 서로 주고받는 사이가 된다. 신혼 초부터 몇 년 후의 계획을 짜고 노후에 대한 꿈도 꾸어야 한다. 무엇을 원하는지 생각해 보지도 않은 채 시간을 헛되이 보내지 말라. 꿈을 꿔야 한다. 더욱 깊은 친밀함을 경험하고 싶다는 꿈을 꿔라.

때론 내가 더욱 연약한 모습으로 살고 있는 꿈도 꾸어보고 때론 내가 강하고 성공한 꿈도 꾸어봐야 한다. 자녀에 대한 사랑과 또 그들의 인생에 대한 꿈도 꾸고 아름다운 집도 지어보라. 노후에 사랑하는 배우자와 달빛 아래에서 별을 보며 서로의 어깨를 안은 채 함께해온 수많은 세월을 떠올리며 함께 노래하며 춤을 추는 꿈을 꾸어보라.

꿈은 혼자만 즐기는 것이 아니라 가까이 있는 사람과 꿈에 대한 이야기를 하고 함께 즐거움을 나누어야 좋다. 꿈은 두 사람에게 깨달음을 주고 사랑을 더욱 새롭게 만들어 주며 더욱 가깝게 만들어 준다.

꿈을 꾸면 그 꿈을 현실로 만들 수 있도록 항상 노력하는 힘이 생겨 그 꿈을 이룰 수 있다. 우리가 살면서 닮고 싶고, 존경하는 훌륭하신 조상들의 삶을 생각해 보라. 좋은 꿈을 꾸는 자는 그 꿈이 꼭 이루어진다.

서로를 소중히 여기며 살아가야 할 세상

지금 우리들이 살아가고 있는 세상에서 서로가 서로에게 얼마나 소중한 존재로 살아가고 있는지 한번쯤 생각해 본적이 있는가. 운명이라는 것. 인연이라는 것은 그림자 같아서 언제 우리들 삶에 끼어들어 서로를 갈라놓을지 모르기에 서로가 함께 있을 때 그 소중함을 깨달을 수 있어야 한다.

화는 언제나 거친 입에서 나오며 마음을 병들게 하고 악연의 원인이 되기 때문에 항상 입을 조심하여야 하며, 겸손해야 하고 작은 말 한 마디라도 타인에게 상처를 주지 않았는지 항상 자신을 돌아보아야 한다.

타인에게 있어서 소중한 사람이 되려면 먼저 타인을 소중히 여겨야 한다. 날이 갈수록 고뇌를 많이 느끼게 하는 세상이기에 참고 인내하지 않으면 서로 이별이 많을 수밖에 없는 세상이 슬프고 우리가 살아가는 이 한 세상을 생각하면 한숨만 저절로 나오는 세상이다.

하지만 아직은 마음 따뜻한 이들이 더 많기에 살아 볼만한 세상
이라고 생각한다.

우린 세상을 살아가면서 그 어떠한 탁함에도 물들지 않고 세상과
타협하지 않으며 맑은 생명의 사람으로 살고 싶어 한다. 내가 먼
저 작은 것부터 실천하며 사랑한다면 진정 우린 이 어두운 세상
에 등불 같은 사람이 될 수 있다.

우리 모두 아끼고 사랑하며 존중하는 아름다운 사람이 될 수
있도록 늘 서로가 조금만 더 양보하고 서로 사랑하며 살아야
한다. 살아가면서 우리의 인연이 너무나 좋은 행운이 될 수 있
어야 한다.

행복한 사람은 시계를 보지 않는다

이 세상에서 가장 행복한 사람은 남에게 갚을 빚이 없는 사람이며 시계를 보지 않는 사람이다. 그리고 타인과 비교하지 않고 내 능력껏 분수에 맞게 살며 욕심 없이 사는 사람이다. 나를 용서하는 마음으로 남을 용서하고 나를 다독거리는 마음으로 남을 다독거려라. 젊어서는 능력이 있어야 살기가 편안하고, 늙어서는 재물이 있어야 살기가 편안하다.

재산이 많을수록 늙는 것이 더욱 억울하고, 인물이 좋을수록 늙는 것은 더욱 아깝다. 재산이 많다 해도 하늘로 가져갈 방법은 없고, 인물이 좋다 해도 수명을 늘릴 수 없다.

내 옆에 미인이 앉으면 바보라도 좋아하나, 내 옆에 노인이 앉으면 군자라도 싫어한다. 아파보면 달라진 세상인심을 잘 알 수 있고, 늙어보면 달라진 세상인심을 잘 알 수 있다. 대단한 권력자도 망명신세가 되기도 하고, 엄청난 재산가도 쪽박신세가 되기도 한다. 육신이 약하면 하찮은 병균마저 달라 들고, 입지가 약하면 하찮은 인간마저 덤벼든다.

일이 잘 풀린다 하면 어중이떠중이 다 모이지만, 일이 꼬인다
하면 모두 다 떠나간다. 잃어버린 세월을 복구하는 것도 소중하
지만, 다가오는 세월을 준비하는 것이 더 소중하다. 여생이 짧
을수록 남은 시간은 더 소중하고, 여생이 짧을수록 남은 시간은
더 절박하다. 개방적이던 사람도 늙으면 폐쇄적이기 쉽고, 진보
적이던 사람도 늙으면 타산적이기 쉽다.

거대한 무대라도 공연시간은 얼마 안 되고, 훌륭한 무대라도 관람
시간은 얼마 안 된다. 자식이 없으면 자식이 있는 것을 부러워 하
지만, 자식이 있으면 자식 없는 것을 부러워한다. 못 배우고 못난
자식은 효도하는 이가 많으나, 많이 배우고 잘난 자식은 불효하는
이가 많다. 있는 부모가 병들면 자식이 관심이 집중되나, 없는 부
모가 병들면 자식 부담이 집중된다.

세월이 촉박한 매미는 새벽부터 울어대고, 여생이 촉박한 노인은
새벽부터 심난하다. 계절을 잃은 매미의 울음소리는 처량하고, 젊
음을 잃은 노인의 울음소리는 처량하다. 부자는 가난한 자를 얕잡

아 보지 말고, 가난하다고 부자를 아니꼽게 보지 말라. 은혜를 베풀 때는 보답을 바라지 말고, 은혜를 받았거든 작게라도 보답을 하라. 멀리 있다 해도 잊어버리지 말고, 가까이 있다 해도 소홀하지 마라.

오늘 하루를 알차게 보내야 하는 이유는
오늘 하루가 내 작은 인생이기 때문이다.

오늘 하루는 내 작은 인생이다

오늘 하루를 알차게 보내야 하는 이유는 오늘 하루가 내 작은 인생이기 때문이다. 오늘이란 말은 싱그러운 꽃처럼 풋풋하고 생동감을 안겨준다. 마치 이른 아침 산책길에서 마시는 한모금의 시원한 샘물 같은 신선함이 있기 때문이다.

사람들은 누구나 눈을 뜨면 새로운 오늘을 맞이하고 오늘 할 일을 머리 속에 떠올리며 하루를 설계하는 사람의 모습은 한 송이 꽃보다 더 아름답고 싱그럽다.

사람의 가슴엔 새로운 것에 대한 기대와 열망이 있기 때문이며 반면에 그렇지 않은 사람은 오늘 또한 어제와 같고 내일 또한 오늘과 같은 것으로 여기게 된다. 그런 사람들에게 있어 오늘은 결코 살아 있는 시간이 될 수 없으며 이미 지나가버린 과거의 시간처럼 쓸쓸한 여운만 그림자처럼 있을 뿐이다.

오늘은 오늘 그 자체만으로도 아름다운 미래로 가는 길목이며 오늘이 조금 힘들고 좀 괴로운 일들로 발목을 잡는다 해도 이 시대를 사는 사람이라면 충분히 참고 헤쳐 나갈 수 있어야 한다. 오늘이 나를 외면하고 자꾸만 멀리 달아나려 해도 그 오늘을 우린 사랑해야 한다.

오늘 하루는 우리의 작은 인생이며 오늘을 사랑하지 않는 사람에게는 밝은 내일이란 그림의 떡과 같고 또 그런 사람에게 오늘이란 용기와 희망의 눈길을 보내지 않는다. 사무엘 존슨은 "짧은 인생은 시간의 낭비에 의해서 더욱 짧아진다."라고 했다. 이 말의 의미는 시간을 헛되이 보내지 말라는 것이며 오늘을 늘 새로운 모습으로 바라보고 살라는 것이다. 누구에게나 늘 똑같게 찾아오는 삶의 원칙이 바로 "오늘"이다.

성공한 사람들은 항상 앞날을 대비했던 사람들이다.
앞날을 대비하여 유용한 기술을 배우는 데 투자하는 것이다.

한국 경제의 장기불황에 대비하라

한국의 주요 대기업들이 비상 경영 체제 돌입에 들어갔으며 전세계적으로 글로벌 시대를 외치는 선진국들 모두가 긴축정책을 펴가고 있다는 요즘 한국경제도 앞날이 불투명하고 올해 경제상장률도 3%미만일 가능성이 크다. 요즘 경기가 좋지 않아 손님이 줄어든 것을 두고 누굴 탓할만한 사안은 아니다.

경기가 좋지 않을 땐 사람들이 소비를 덜하게 되는 것이 자연스러운 일이기 때문이다. 이 불황을 두고 정치인을 탓해봐야 아무런 소용이 없으며 이 와중에도 대박이 나서 돈을 잘 버는 업소가 있는 것이 현실이며 우린 찾아볼 수도 있다.

남을 탓할 시간에 자기 자신을 돌아보고 새로운 경영기법을 도입해 보는 것이 좋다. 사람들은 자기 자신에게 불리하면 우선 누군가 방패막이를 만들려고 한다. 남의 탓이지 자기 자신에겐 아무런 문제가 없다고 말하기도 한다. 그러나 문제는 자기 자신에게 있다. 시대가 변하고 사람들도 변하고 있는데 자기 자신만 변하

69

지 않고 그대로 행동하고 있기 때문이다.

소비자는 누구나 자기 입맛에 맞는 업소를 찾아가게 된다. 과연 내 업소는 소비자들의 입맛을 만족시킬 수 있는가를 생각해봐야 한다. 성공한 사람들은 항상 앞날을 대비했던 사람들이다. 앞날을 대비하여 유용한 기술을 배우는 데 투자하는 것이다.

현재 장사가 잘 되는 업소를 부러워만 하는 것도 바람직하지 못하며 특히 남의 업소가 잘 되는지 주변을 기웃거리는 행동은 크게 유쾌하지 못하다. 자신의 업소에 찾아오는 손님에게 늘 감사한 마음을 가져야 한다. 이럴 때일수록 보다 좋은 서비스와 청결과 겸손한 행동으로 손님을 더욱 더 만족시키기 위해서 최선을 다해야 할 것이다.

가끔 손님은 없는데 고급 승용차를 굴리는 등 수입보다 높은 수준의 생활을 하는 업주들을 보기도 한다. 미래가 보장된 사람이라면 경기가 좋아지도록 소비에 나서는 것도 좋지만 지나치게 높은 수준의 생활을 하는 것은 바람직하지 않다. 지금 경제적 여유가 있는 사람이라면 내면을 살찌우는데 투자를 해야 한다. 그래야 지금보다 더 심한 불황이 오더라도 견뎌낼 수 있을 것이다.

오늘이 내 남은 인생의 첫날이다

경기불황의 끝은 과연 언제가 될 것인가?

경기 불황의 여파로 2013년에도 취업난이 이어지면서 50대 뿐만 아니라 40대도 조기퇴직으로 실업자가 증가하고 있는 실정이다. 이들에게 창업이란 이제 남의 이야기가 아니다. 창업하고자 하는 모든 사람들이 꼭 성공하길 바라는 마음으로 몇 자 적어본다. 우리나라에서 창업시장 중 가장 큰 것은 외식업(식당)이지만 한해 수많은 점포들이 창업하고 경쟁하면서 성공과 실패를 맛보고 있으며 요즘엔 창업보다 폐업이 많은 실정이다. 5년전 모 은행의 합병과정에서 명퇴자 8500명을 조사해보니 간부출신은 숙박업 25%, 사원 출신은 음식장사 65%로 창업하였지만 5년이 지난 지금 조사해 보니 76%가 적자를 보고 있거나 이미 폐업했다는 소식을 들어야 했다.

그렇다면 성공한 24%는 지금 무엇을 하며 얼마를 벌고 있는지 궁금하여 만나보고 싶었다. 남이 식당폐업으로 버린 테이블 3개

로 시작하여 5년 만에 지금 종로 3가 낙원동에서 아구찜 전문식
당 80평으로 늘려 월수입 1500만원 정도를 벌고 있는 오○○사
장과, 전세방을 빼고 월세로 이사한 뒤 2억으로 모텔업을 시작하
여 5년 만에 현재 8억까지 만든 낙원동 모 모텔사상 성○○사장
이 성공한 인물로 알려졌다. 그리고 시흥에서 자본금 5000만원
으로 도배장판 및 철물점을 부부가 창업하여 지금은 5억짜리 상
가 30평을 샀고 월평균 수입 1000만원 이상 올리고 있는 짠순이
부부가 있다. 최근 같은 불황속에서도 세 가지 업종에서 대성공
을 이끈 성공비결은 한권의 좋은 책이 있었기에 가능했던 것이다.
"늘 과거와 미래를 생각지 않고 오직 오늘 영업에만 최선을 다
하게 했던 좋은 책을 만난 것이 행운이었다."라고 말하는 그들
은 늘 오늘이 첫날이라고 생각하고 고객을 맞이하며 웃음과 밝은
표정이 아직 살아있었다. 새해가 되었고 새해의 목표를 정했다면
오늘이 그 첫날이라고 생각하며 목표를 향해 오늘도 꿋꿋하게 실
천으로 옮겨야 할 것이다.

행복해지기 위해 필요한 조건

사람들은 누구나 행복을 원한다.

행복해지기 위해서는 많은 조건이 있어야 된다고 믿고 있기 때문에 지금 당장 행복해질 수 있다는 생각은 하지 못한다. 행복하기 위해서는 무엇보다도 우선 재산이 좀 있어야 하며 건강해야 하고 원하는 배우자를 만나 백년해로하고 가족끼리 화목하고 형제 간 우애가 있어야 하며 원하는 직업도 갖고 가능하면 높은 직위를 얻어 좋은 평판과 명예를 누릴 수 도 있어야 한다. 그러나 돈이 많다고 꼭 행복한 것은 아니며 직위와 권세가 높다고 해서 또 행복한 것도 아니다.

행복이란 자기 스스로 마음먹기에 달려 있으며 세상의 모든 것은 뜻대로 이루어지는 것이 아니므로 다만 최선을 다해 노력하는 그 자체에서 만족을 찾아야 한다. 행복은 사람과 사람 사이에서 일어나는 현상이다.

물론 자기 혼자 좋아하는 일을 하면서 행복을 느낄 수 있지만 사람들과의 관계에서 조화를 이루는 것이 행복의 관건이다. 그러므로 자기 주변의 사람이 자기를 괴롭히는 존재로 인식하지 말고 자기를 도와주는 존재로 인색해야 한다. 상대의 가치를 인정해 주는 만큼 상대는 나에게 반응하게 되는 것이다.

죽음보다 더한 일이 아니면 즐겨야하며 당신을 괴롭힌 모든 이들을 용서해야 한다. 사람은 다른 사람으로부터 기대를 받으면 기대 받는 것과 같은 행동을 하고 기대 받는 것과 같은 결과가 된다. 그리고 누군가에게 인정받을 때 사람들은 행복해 한다. 남에게 인정받으려 하기 전에 먼저 다른 사람을 인정하라 그러면 남에게 인정받았을 때보다 더 큰 행복이 찾아오는 것이다. 그리고 열정을 쏟을 수 있는 자기 일을 찾고 오늘의 행복을 내일로 절대로 미루지 말아야 한다.

행복은 마음먹기에 달려 있다

인간이 자신의 삶의 만족을 느낀다는 것은 참으로 어려운 일이다. 행복해지기 위해선 즐거운 마음으로 내 주변의 모든 사람을 만날 수 있어야 하며 늘 표정부터 밝아야 한다. 행복하다고 생각하는 삶이나 불행하다고 생각하는 사람의 차이는 어떻게 생각하면 마음먹기에 달린 것이다.

행복이란 늘 자신의 삶 속에서 발견하는 것이고 느끼는 것이기 때문이다. 높은 학력으로 좋은 직장을 가졌지만 불행하게 사는 사람이 있고 부자이면서도 불행을 호소하는 사람을 볼 수 있기에 행복은 반드시 소유에 비례하지 않으며 지성이 그것을 보장해 주지 않음을 알 수 있다.

인생을 부귀로서 낙을 찾는다면 좀처럼 낙을 누리지 못한다. 행복은 자신의 내면에서 찾아지는 것이지 밖으로부터 오는 것은 아니기 때문이다. 만족을 아는 사람은 비록 가난해도 부자로 살 수 있고 만족을 모르는 사람은 많이 가졌어도 늘 가난하기 때문이다. 자신의 인생을 불행하게 느끼느냐 행복하게 느끼느냐는 소유의 문제가 아니고 지혜의 문제이기 때문이다. 그리고 작은 것을 소중하게 여기고 명성보다는 진실을 사랑할 줄 아는 사람이 행복한 사람이다. 지나간 일에 매달려 잠 못 이루지 말고 잊을 것은 빨리 잊어야 한다. 지나간 일에 슬퍼하지 않고 아직 오지 않은 일에 근심하지 않으며 오직 지금 당장의 일에만 전념해야 한다. 어리석은 사람은 아직 오지 않은 미래에 대해서 걱정하고 이미 지나간 일에 매달려 슬퍼한다.

항상 모든 것을 긍정적으로 생각하며, 할 수 있다고 생각하면 자신의 삶이 밝아지는 것이다. 행복은 행복하다고 생각하는 사람의 마음속에서 더욱 견고하게 그 뿌리를 내리는 것이기 때문이다.

아름다운 인생을 위해 하루에 30번씩 웃으면서 살아 보자

우리나라뿐 아니라 선진국일수록 암환자가 많다. 가족 중에 우울증이 있는 사람이 있다면 매일 소리 내어 웃어보게 하자.

서울대 암병동에서 암환자 300명을 매일 웃음으로 치료를 병행하여 160여명을 성공적으로 치료하였는데 이들에게 매일 하루에 10번 이상 큰소리로 웃게 하였던 것이 밝혀졌으며 우리들의 속담에도 웃으면 복이 온다는 말이 맞기 때문이다.

웃는 사람은 표정이 밝고 긍정적이며 희망이 있다. 어떻게 하면 웃을 수 있을까? 무조건 내가 먼저 웃는 것이 좋다. 억지로 웃는 웃음도 똑같은 효과가 있다고 하니 억지웃음이라도 꼭 웃어보자. 하 하하 하하하~~

웃으면 침이 생기고 그 침이 몸에 좋은 엔돌핀이 된다고 한다. 가을은 시원하고 살맛나는 계절이니 웃으면서 보내보자. 웃어서 스트레스를 완전히 풀어 버리자. 웃음소리는 크게 할수록 좋다는 말이 있다.

몸을 두드리면서 연습해보자! 머리 어깨 배 다리까지 툭~툭~ 두드리면서 온몸에서 스트레스를 모두 털어버리자... 모두 웃음 삼매경에 빠져보자. 웃음도 전염이 되고 해피바이러스가 충만 되면 암도 사라진다하니 한바탕 웃음으로 하루를 시작해보자.

남에게 웃음을 선사한 사람은 복이 몇 배로 되돌아와서 그 복으로 행복한 일생을 보내고 늘 건강하기 때문에 무난히 100세까지 사는 세상이다. 건강하게 오래살고 싶으신 분들은 하루에 30번씩 크게 웃음을 꼭 실행해보자. 모든 님들이 웃어서 행복하고 늘 건강하시길 빌어본다.

대학 4년은 내 인생의 마중물이었다

방송대를 졸업하고 각계각층에서 성공하고 활발하게 능력을 발휘
하고 있는 방송대 선배들이 하는 말이다. 여기서 마중물이란 한
바가지의 물이 땅속 깊이 있는 물을 끌어올리기 위해 꼭 필요한
한 바가지의 물이고 이 물을 먼저 부어야만 지하수 땅속 깊이 있
는 지하수 물을 끌어 올려 펑펑 쏟아지게 하는 고맙고 귀한 처음
물이며 이 물이 없었다면 물을 끌어 올릴 수 없었고 성공이란 없
었을 것이라는 말이다. 마중물은 성공 인생으로 가려는 꿈과 야
망이 있는 젊은이들에게 꼭 필요한 들려주고 싶은 이야기다.
한 연구조사에 의하면 "어떤 계획이나 생각을 머릿속에 떠올리고
나서 72시간 내에 실행에 옮기지 않으면 그것들을 실행에 옮기는
경우가 극히 드물다."라는 결과가 나왔다. 누구나 그런 경험이
있으리라 생각된다. 우리가 머릿속에 떠올린 좋은 아이디어나 목
표를 72시간 내에 꼭 실행하는 것이 매우 중요하다는 얘기다.
좋은 아이디어를 실행에 옮길 때는 구체적인 계획을 세우고, 전략

을 신중하게 정해야 한다. 계획을 실천하는데 필요한 것들에 대해서 살펴보고 필요한 자료를 찾아보아야 한다. 꿈과 목표를 향해 새 출발을 시작하는 이 세상의 모든 젊은이들에게 격려의 박수를 보낸다. 누구나 공부하는 동안은 청춘인 것이다.

어떤 계획이나 생각을 머릿속에 떠올리고 나서 72시간 내에 실행에 옮기지 않으면 그것들을 실행에 옮기는 경우가 극히 드물다. 좋은 아이디어를 실행에 옮길 때는 구체적인 계획을 세우고, 전략을 신중하게 정해야 한다. 계획을 실천하는데 필요한 것들에 대해서 살펴보고 필요한 자료를 찾아보아야 한다. 누구나 공부하는 동안은 청춘이다.

오늘부터 시작하라! 하면 된다

하고 싶은 목표를 세웠다면 오늘부터 당장 시작하라. 시작이 반이고 해낼 수 있다. 인간은 생각하는 동물이다. 그러나 생각만 하고 실천에 옮기지 않는다면 곧 잃어버리는 망각 기능 또한 빠르기 때문에 지금 당장 시작해야 된다. 하면 된다는 "하면 된다 법칙" 을 항상 기억하고 실천하라.

돈이 없으면 돈은 벌면 되고, 잘못이 있으면 잘못은 고치면 된다. 안 되는 것은 되게 하면 되고, 모르는 것은 배우면 된다. 부족하면 채우면 되고, 힘이 부족하면 힘을 기르면 된다. 잘 모르면 물어보면 되고, 잘 안되면 될 때까지 하면 되고, 길이 안 보이면, 길을 찾을 때까지 찾으면 된다. 길이 없으면 길을 만들면 되고, 기술이 없으면 연구하면 되고, 생각이 부족하면, 생각을 하면 된다.

내가 믿고 사는 세상을 살고 싶으면 나부터 좋은 사람이 되면 된다. 미워하지 않고 사는 세상을 원한다면, 사랑하고 용서하면 된다. 사랑 받으며 살고 싶으면, 부지런하고 성실하고 진실하면 된다. 세상을 여유롭게 살고 싶으면, 이해하고 배려하면 된다. 오늘부터 시작하라! 무엇이든 시작하면 성공할 수 있다.

안 되는 것은 되게 하면 되고, 모르는 것은 배우면 된다. 부족하면 채우면 되고, 힘이 부족하면 힘을 기르면 된다. 잘 모르면 물어보면 되고, 잘 안되면 될 때까지 하면 되고, 길이 안 보이면, 길을 찾을 때까지 찾으면 된다. 길이 없으면 길을 만들면 되고, 기술이 없으면 연구하면 되고, 생각이 부족하면, 생각을 하면 된다.

우리가 살아가면서
힘이 들거나 흔들릴 때는...

사람이 살다보면 삶에 대한 가치관이 우뚝 서있고 목표가 뚜렷하다 하여도 때로는 흔들릴 때가 있다. 가슴깊이 품어온 이루고 싶은 소망 모두를 때로는 포기하고 싶을 때도 있다. 모든 것이 긍정적이며 밝은 생각으로 하루하루를 살다가도 때로는 부정적인 생각을 할 때도 있다.

항상 완벽을 추구하고 세심하게 꿈과 목표를 위해 일하면서 공부하는 요즘 현대인이 된 것을 자랑스럽게 생각하면서도 때로는 건성으로 지나치며 쓸데없는 생각으로 방황할 때도 있다.

항상 정직함과 곧고 바름을 강조하며 자식을 키워왔음에도 불구하고 때로는 양심에 걸리는 행동을 할 때도 있다. 따뜻한 햇살이 곳곳에 퍼지고 벚꽃이 만발한 어느 날에도 마음속엔 심한 빗줄기가 내릴 때도 있다.

사람들 틈에서 호흡하고 같이 있는 동안에도 문득 심한 소외감을 느낄 때도 있다. 항상 행복만이 가득하고 즐거워야할 특별한 날에도 홀로 지내며 소리 없이 울고 싶을 때도 있다.

그러나 이러한 모습만 보인다고 생각하여 그것만을 보고 판단하지 말았으면 좋겠다. 모든 현대인들은 살아가면서 누구나 가끔은 흔들리기도, 손을 놓고 싶을 때도 있기 마련이다.

그러한 날들 뒤에 오는 소중한 깨달음 그것이 다시 현대인들의 힘의 원천이 되기 때문이다. 항상 오늘이 있고 다시 시작하는 시간들 속에는 새로운 힘이 솟아나고 흔들리는 마음 또한 수많은 성공자들이 살아온 모습이기 때문이다.

꿈과 희망이 있는 좋은 사람들은
포기하지 않는다

만약 우리가 살아가면서 꿈과 희망이 없다면 일 할 의욕도 없을 뿐 아니라 삶의 행복을 모르는 사람일 것이다. 본인은 노력하지 않으면서도 남들은 다 자신보다 너그럽고 사랑이 넘치며 인기도 많고 더 성공한 것처럼 보일 것이다.

인간의 삶이란 고통의 연속이며 인생이라는 큰 바다를 헤치고 나가면서 살아가야할 만큼 괴로운 것이 삶이라는 것이다. 꿈과 희망이 있는 자는 아무리 힘이 들어도 스스로 공부하면서 일하고 참고 견디는 축복과 한계를 가지고 세상에 태어났다고 생각한다. 나 자신을 업그레이드 시키는 방법 중 이 방법은 가장 힘들고 고통스럽지만 그렇기에 성공하고 나면 보람은 그 무엇과도 비교할 수 없는 행복을 느낄 수 있는 것이다.

인간은 고통스러운 삶 속에서도 내일이라는 희망과 꿈을 가지고 있기 때문에 오늘의 괴로움과 좌절과 실패를 극복해가면서 살아가는 것이다. 그리하여 어느 시인은 이렇게 외쳤다. "우리의 생활은 뼈에 사무치도록 슬퍼도 좋다.

우리는 푸른 들길에 서서 푸른 하늘을 바라보는 그리움이 있다." 라고 이것은 인간은 희망을 가지고 있는 한 슬픈 짐승일 수는 없다는 말이다. 꿈과 희망을 가진 좋은 사람들은 참고 견딜 수 있으며 곧 행복을 느낄 것이다.

처음부터 사업가로 시작하고 행동하라

사업가는 사업을 시스템으로 본다. 그러나 장사꾼은 사업을 눈앞의 돈으로만 생각한다.

사업가는 1억 투자해서 10억 벌겠다는 마인드가 있다. 그러나 장사꾼은 1억이 아까워서 주머니에서 돈을 꺼내지 않는다.

사업가는 열매를 얻기 위해 씨를 뿌리지만, 장사꾼은 열린 열매를 얻으려고 바구니를 챙겨온다.

사업가는 파이를 키우는데 관심이 있다. 그러나 장사꾼은 내가 먹을 파이만 생각한다.

사업가는 장사란 말 자체를 싫어한다. 그러나 장사꾼은 본인이 하는 것이 사업이라는 것 자체도 모른다.

사업가는 프로 장사꾼이라고 생각하며 미래를 생각하지만, 그러나 장사꾼은 당장 작은 이익이라도 챙기려한다.

사업가는 정당한 방법으로 돈을 벌려한다. 그러나 장사꾼은 방법은 중요하지 않고 결과만 중요하다고 생각한다.

사업가는 남의 이목을 고려한다. 그러나 장사꾼은 이목 따위는 신경 쓰지 않는다.

사업가는 전문적인 지식 습득에 공을 들인다. 그러나 장사꾼은 공부와는 담을 쌓는다.

사업가는 노후에 편안한 삶을 꿈꾼다. 그러나 장사꾼은 몸이 아파 죽을 때까지 장사할 수 있는 것에 만족한다.

사업가는 전문가를 알아보고 대우해준다. 그러나 장사꾼은 자기가 최고의 전문가라고 생각한다.

사업가는 명예를 지키려하지만, 그러나 장사꾼은 돈을 지키려 한다.

사업가는 거래 이후까지도 생각하지만, 그러나 장사꾼은 거래 이후에는 아무 것도 생각하지 않는다.

사업가는 세계를 무대로 꿈을 펼친다. 그러나 장사꾼은 동네를 상대로 장사한다.

사업가 가운데 무늬만 사업가가 있는가 하면 동네 장사라고 하더라도 사업가처럼 행동하는 사람도 있다.

재치 있는 사람이 성공하는 세상이다

우리는 살면서 많은 사람을 만나게 되고 그 사람들 속엔 재미있는 사람이 꼭 있기 마련이며 우린 그런 사람을 좋아한다. 요즘 사람들은 특히 유머를 적재적소에 사용하여 즐거움을 주는 사람을 제일 좋아하는 것 같다. 그래서 가끔이라도 유머를 일상생활에서 활용할 수 있도록 노력하고 재치 있는 사람이 되도록 좋은 것은 메모하는 습관이 필요할 때다.

재치 있는 사람은 자신에게 적대감이 있거나 부정적인 질문을 하더라도 그것을 긍정적으로 반응하여 상대의 반감을 우호적으로 만들 수 있는 힘이 있기 때문에 싫어할 수가 없다고 생각된다. 우리가 살면서 일반적인 이야기는 좋은 소식이 먼저 나오고 나쁜 소식은 나중에 주로 얘기하지만 유머는 거꾸로 나쁜 소식을 먼저 전하고 그것을 뒤집는 좋은 소식으로 바꾸는 방법이다. 즉, 사람들에게 불리한 상태에서도 유리한 점을 찾아 기분을 나쁘지 않게 하는 것이다.

유머는 전달하는 방법과 뉘앙스에 따라 그 효과가 다양하므로 목소리뿐만 아니라 몸짓이나 사투리 억양 등도 고려해야 한다. 우리들의 진정한 유머는 웃음을 통해서 다른 사름들에게 즐겁고 항상 따뜻한 마음을 심어주는 기술이 있어야 한다. 유머를 사용하는 재치 있는 사람들은 순간의 웃음을 주기 보다는 늘 따뜻한 마음을 갖고 모든 사람을 사랑으로 대하고 아끼는 마음이 우선이어야 한다.

남과 비교하지 않아야 행복하다

남과 나를 비교하는 마음에서 실망하기 쉽고 세상사는 게 재미없으며 스트레스를 받는 경우가 많다. 절대로 남과 비교하지 말고 자기 자신의 분수와 수준에 맞는 생활을 해야 한다. 비교하면 할수록 자신이 작게 보이고 부족하다고 생각하는 것은 가장 어리석은 행동이다.

살면서 남들이 나보다 너그럽고 사랑이 넘치고 성공한 것처럼 보일지도 모른다. 그러나 그것은 내 인생과는 무관한 일이다. 타인과 비교하고 싶은 유혹을 뿌리쳐야 한다.

자신에게 없는 것이 타인에게 있다고 하더라도 불공평하다고 생각지 말아야 한다. 비교하는 것은 쓸데없는 기운을 낭비하는 일이며 매일 활짝 열린 마음으로 살지 못하도록 방해만 될 뿐이다.

자신의 욕구와 꿈을 쫓아 살아가면서 최선을 다하는 것이 가장 중요하다는 것을 기억하며 나만의 스타일대로 살면 된다.

인간은 누구나 축복과 영광의 한계를 가지고 세상에 태어난다고

한다. 내가 살아가는 방식과 내가 사랑하는 방법 그 자체가 기적
이다.

남들과 좀 다르다는 이유로 나만의 방식을 잃어버리면 안 된다.
내 나름대로의 꿈과 목표를 개척해 나가며 나의 삶이 부끄럽지
않으면 그것이 최고의 인생이다.

비교하는 것은 쓸데없는 기운을 낭비하는 일이다.

변화를 멈추지 말고 즐겨라

우린 살아오면서 계속적으로 변해왔다. 시간의 흐름에 따라 누구나 변해야만 하며 시간이 흐르면 다른 상황이 전개되기 때문이다. 예를 들면 우리의 두뇌는 환경 변화에 반응하며 발달했고 학교에선 학습 능력의 변화를 통해 성장할 수 있었다. 그런데도 불구하고 사람이 사랑에 관해서는 변화하기를 거부한다. 인간에게만 주는 완전하고 다양한 경험을 해볼 기회를 미리 차단하고 받아들이려 하지 않기 때문이다.

다른 사람들은 시간의 흐름에 따라 변하고 있는데 자신만 그대로 변하지 않고 산다면 단지 발전만 멈추는 것이 아니라 상대적으로 뒤처지는 결과가 된다. 변화는 사랑하는 두 사람이 특별한 친밀감을 느낄 수 있도록 해주는 힘이며 변화를 거부하고 자기 마음대로 하려고 하면 현명한 생각은 아니다.

인생과 사랑이 성숙하게 무르익을 수 있도록 노력해야 한다. 남편이나 아내가 서로에게 매혹되도록 끊임없이 노력하고 자신조차

깜짝 놀랄 정도로 변화하려고 노력해야 한다. 변화를 일상생활의 일부로 생각하고 새로운 아이디어를 짜내며 변화를 즐겨야 행복하고 발전되는 것이다. 인생을 살면서 항상 똑같은 모습은 있을 수 없는 것인데 여전히 아름답다는 말은 듣는 사람에게 험담이 될 수 있다. 나이에 맞게 때론 나이를 초월해서 살아간다는 말을 들을 수 있어야 한다. 쉼 없이 변하는 변화의 비결은 학습뿐이다. 그럭저럭 살면서 어른이 되고 먹고 사는데 지장이 없다고 안일한 생각을 가질 수 있지만 엄밀히 말하면 해놓은 것 없이 나이만 먹고 늙어갈 뿐이다. 자신보다 앞서가는 사람이 있다면 그 사람은 분명 훨씬 많은 변화를 시도한 사람일 것이다.

잠시라도 멈춰있으면 점점 더 오랜 시간 동안 쉬고 싶어지며 유혹을 물리치지 못하면 결코 발전은 있을 수 없다. 배운다는 것은 변한다는 것이며 배우지 않으면 그것이 멈춰진 시간이기 때문이다.

사람은 "돌아설 때 뒷모습이 아름다워야 한다."

지금은 눈도 침침하고 바쁘다는 핑계로 그러하지 못하지만 내 나이 40대 중반까지는 엄청난 분량의 책을 읽었던 기억이 있다. 초, 중학교 시절에는 시골에서 자란 탓에 집에 가면 농사일을 하기가 싫어서 도서관에서 살다시피 지냈고 군 제대 후 바로 결혼후에는 노후에 먹고 살기 위해 각종 자격증을 10여개 따기도 했지만 항상 부족함을 느껴왔다.

어느 때 부터는 시간만 되면 종류를 가리지 않고 책을 읽었는데 그중에서도 가장 기억에 남고 여운이 있어 가끔 행복해지는 책이 하나 있다. "현대인들의 앞모습은 가식으로 가득하다. 아니라고 할수록 그 모습은 화장한 모습이다. 꾸민 얼굴과 웃음, 과장된 진실, 분칠한 위선. 그런 겉모습을 보고 우리는 때로 '아름답다'고 생각하며 산다.

그러나 그것은 진실로 아름다운 것은 아니다. 진실로 아름다운 것은 아마도 그 사람이 뒤돌아 설 때의 뒷모습이 아름다운 사람일 것이다." 정채봉님이 쓴 '그대 뒷모습'이라는 책 내용 중에 좋은 글이 한 구절 있다.

그 책을 가끔 꺼내어 읽곤 하는데, 자연 속에서 자연을 느끼며 즐거워 할 줄 알고, 그런 사람들을 친구로, 이웃으로 두고 있는 주인공처럼 노후를 그리 살아보자는 꿈을 버리지 않고 지금도 키우며 살아가고 있다. 대부분의 사람들은 상대방의 앞모습만 보고 산다. 사람들이 앞모습과 뒷모습이 일치하면 얼마나 좋을까? 스스로에 도치하여 자신이나 상대방의 앞모습에만 신경 쓰지 말고 나 아닌 다른 사람들이 주시하는 자신의 뒷모습이 다른 사람에게 어떻게 비춰지는지, 상대방의 뒷모습은 어떠한지, 한번쯤은 살펴볼 수 있는 지혜가 꼭 필요하다.

우리가 살다보면 많은 사람을 만나고 접하게 되는데 뒷모습이 아름다운 사람을 많이 접하고 산다는 것처럼 행복한 일은 없을 것이다. 뒷모습이 아름다운 사람은 상대방을 배려하고 나누기를 좋아하고, 따뜻한 감성을 지닌 사람들이기 때문이다. 그런 사람들 옆에 있으면 말이 없어도 그냥 편안한 느낌이 전해져 온다.

사실이 저러한데, 대부분의 많은 사람들은 잘 보이는 앞모습만 보려하고, 그것에 의하여 좋고 나쁨을 규정하려는 지극히 계산적인 판단을 하고 살아간다. 그렇게 살아가는 사람들에겐 사람에게서 나오는 향기나 온기가 없다. 왜냐하면, 앞모습만 보는 사람은 언제나 앞모습만 볼 수 있을 뿐 옆모습이나 뒷모습을 볼 줄 모르기 때문이다.

우리가 사는 인생은 일장춘몽이고 화무십일홍이라는 말이 있다.

죽을 때 가지고 갈 것도 아니고 천년만년 살 것도 아닌데, 길지 않은 인생 이제부터 뒷모습이 아름다운 사람으로 살아간다면 더욱 더 아름답고 행복한 삶이 될 것이다.

진실로 아름다운 것은 아마도 그 사람이 뒤돌아 설 때의 뒷모습이 아름다운 사람일 것이다.

좋은 인간관계의 기본 행동

원만한 인간관계는 당신을 지도자로 이끄는 고도의 기술이다. 남에게 대접을 받고자 하는 대로 당신이 먼저 남을 대접하면 당신도 인간관계의 명수가 될 수 있다. 세계에서 성공하는 사람들은 단순한 것 같지만 현명한 처신을 했던 것이다. 교만을 버리고 겸손 하라. 자기를 높이는 자는 낮아지고 낮추는 자만이 높아진다. 다른 사람에게 진정으로 흥미를 가져라. 정직과 진실을 가지고 남을 대접하면 당신에게 큰 보탬이 되어 돌아올 것이다. 인내와 친절을 발휘하라. 인내할 줄 아는 자만이 모든 것을 가지게 된다. 공명정대하게 일을 하라. 어떤 상황에서도 공평하게 처리하면 인정을 받을 수 있다. 그리고 건설적인 비판을 과감히 받아들여라. 그것은 당신을 해치는 것이 아니라 당신을 돕게 될 것이다. 항상 냉정히 분석하여 당신 것으로 하라.

능력 있고 재능 있는 사람을 피하지 말라. 우수한 자를 피하는 지휘자는 망하게 될 것이다. 그들을 곁에 두면 당신이 성공하는 데 큰 힘이 될 것이다. 왜냐하면 당신은 완전하지 못하기 때문이다. 누구나 노력하면 인간관계의 명수기 될 수 있다. 중요한 것은 당신 혼자서는 이 세상을 살 수 없다는 사실이다. 원활한 인관관계에 의해서 당신의 필요를 충족해야 한다. 그러려면 당신이 먼저 주어야 한다. 성심성의껏 주되 그 보답을 바라지 말라. 이것이 인간관계의 명수가 되는 가장 바람직한 길이다.

먼저 내 인생의 좌우명을 정하라

좌우명 한마디가 사람을 움직이고 세상을 변화시킨다.

진실한 좌우명은 사람을 성장시켰으며, 모두가 안 된다고 할 때 거뜬히 해내는 힘은 내 자신의 좌우명이 있었기에 가능했다.

한 그루의 나무가 자라는 데에는 따스한 햇볕과 물이 필요한 것처럼 한 인간이 건전하게 성장하는 데에는 가슴속 좌우명이 햇볕과 물처럼 필요한 것이다. 좌우명은 미처 깨닫지 못했던 마음에 용기와 열정을 불어넣어 새로운 꿈을 꾸게 하고 하면 된다는 가능성을 심어주는 마법과도 같은 존재가 된 것이다.

좌우명은 사람을 성장시키는 비결이며 힘이 될 수 있다.

성공한 사람들에겐 누구나 좌우명이 있었다.

나의 좌우명은 과연 무엇으로 정할 것인가!

1) 남의 얘기를 잘 듣는 것이 말하는 것보다 낫다.(삼성그룹회장 - 이건희)

2) 시련은 있어도 실패는 없다.(전, 현대그룹회장 - 정주영)

3) 한번 사람을 믿으면 모두 맡겨라.(전, 럭키금성그룹회장 - 구인회)

4) 남과 같이 해서는 남 이상 될 수 없다.(전, 벽산그룹회장 - 김인득)

5) 겉치레는 삼가고 실질을 추구한다.(전, 롯데그룹회장 -신격호)

6) 부지런한 사람이 싱공한다.(진, 두산그룹회징 - 박용호)

7) 스스로 쉬지 않고 노력한다.(전, 한화그룹회장 - 김종회)

8) 인화가 제일 중요하다.(전, 쌍용그룹회장 - 김성곤)

9) 약속은 꼭 지킨다.(엘지회장 - 구본무)

10) 부지런하면 세상에 어려울 것이 없다.(현대자동차회장 - 정몽구)

11) 풍년 곡식은 모자라도 흉년 곡식은 남는다(전, 대림그룹회장 - 이재준)

12) 덕을 숭상하며 사업을 넓혀라.(전, 효성그룹회장 - 조흥제)

13) 깊은 강은 소리를 내지 않는다.(전, 삼성물산대표 - 배종렬)

14) 선비는 자기를 알아주는 사람을 위해 죽는다.(전, 국민은행장 - 김정태)

15) 세 사람이 가면 그 중에 반드시 나의 스승이 있다.(전 유한킴벌리대표 - 문국현)

최승렬의

좋은사람 좋은생각

"100년이 지나도
남기고 싶은 좋은 책
100권을 압축시킨
좋은 인생철학 책"

Part 3

인생을 성공으로 이끄는 지혜

당신도 인생의 위대한 성공자가 될 수 있다

인간은 누구나 행복과 성공을 갈구한다. 그러나 그것은 쉽지 않다. 방법은 없는가? 잠재능력의 조직적이고 체계적인 개발로 인생은 더욱 풍요로워질 수 있다. 역사의 위대한 성공자들은 처참한 환경의 극복과 잠재능력의 개발로 나름대로 자신의 업적을 이룬 사람들이다.

행복과 성공을 원한다면 철저히 대가를 지불해야 한다. 막연한 기대나 나약한 생활이 아닌 의지와 신념에 찬 노력이 있어야 하는 것이다.

그러기 위해서는 행동이 뒤따라야 한다. 남이 당신 대신 행동하지 않으며 당신의 소원을 성취시켜 주지 않는다. 실패에 대한 공포나 남의 비판이 두려워 행동하지 않으면 당신에게 처절한 실패의 반복만이 있을 뿐이다.

중요한 것은 실패와 성공에 대한 우리의 자세이다. 인생 전반에 걸친 우리의 태도가 우리의 인생을 좌우하는 것이다. 무엇보다 귀중한 것은 잠재능력의 개발로 남보다 앞서 갈 수 있다는 것은 사실이므로 당신 자신을 가꾸고 보살필 수 있는 노력이 필요하다. 이 세상에서 가장 중요한 존재는 다른 사람이 아닌 바로 당신이다. 목표와 계획을 세워 인생을 진정 보람 있고 활기차게 살아갈 수 있도록 잠재능력을 개발하라. 당신도 이제 인생의 위대한 성공자가 될 수 있다.

역사의 성공자들은 우리에게 묻고 있다. 〈인간은 정녕 신념의 힘을 이용하고 있는가〉라고, 당신은 스스로 자기의 사고를 통제하고 적극적으로 살아갈 수 있는 능력의 소유자이다. 나도 할 수 있다는, 나는 이 세상에 꼭 필요한 사람이 될 수 있다는 자기 확신이 있어야 한다. 그리고 누가 무어라하든 스스로 믿고 스스로 극복할 수 있는 신념이 당신에게 있다면 당신은 성공자가 될 수 있다.

성공이란 누구의 전용물이 아니다. 매일매일 일일신(日日新)의 일관된 자세로 성공의 목표를 향하여 나갈 수 있는 신념이 있다면 당신도 성공자의 영광된 대열에 설 수 있을 것이다.

늦었다고 생각할 때가 가장 빠른 때라고 하였듯이 두려움 없이, 망설임 없이, 포기하지 말고 성공을 향해 뛰어라. 힘이 있는 자만이 쓰러진 사람을 일으켜 세울 수가 있는 것처럼 신념의 위대한 힘으로 쓰러지려는 당신 자신을 일으켜 세워라. 지식은 힘이지만 신념은 더 큰 힘인 것이다.

부귀영화, 건강, 성공 등이 모든 것은 어느 누구의 전용물이 아닌 바로 내 것이요, 내 안에 들어 있으니 이제 마음의 문을 활짝 열고 빨리 찾아야 한다. 신념은 힘의 원천이요, 힘은 신념의 산물이니 그 원천을 찾아내는 작업이 바로 당신 속의 신념을 이용하는 것이다.

마음에는 태양을, 입술에는 노래를, 가슴에는 뜨거운 용기와 신념을, 가능성을 확신하고 신념의 힘을 이용하라.

성공자는 그의 가슴에 승리를 얻겠다는 신념의 암시를 게을리 하지 않았던 것뿐이다. 실패자는 그의 가슴에 소극적이고 비관적인 부정 암시를 했던 것이다.

성공의 필수조건과 신념의 마력

당신은 성공을 원하는가? 그렇다면 마음을 조직하라. 당신의 마음을 조직화시킬 수만 있다면 인생 그 자체를 조직화시켜서 모든 것을 마음먹은 대로 통솔할 수 있을 것이다. 위대한 성공자로 올라설 수 있다는 말이다.

능률과 조직이야말로 성공이 필수조건이다. 신속정확하게 자기 일을 처리할 능력만 있다면 당신은 성공할 수 있다. 그러려면 능률의 전문가가 되어야 한다.

이론가가 아닌 행동가로, 공상가가 아닌 실천가로 다시 태어나라. 무엇보다 중요한 것은 자기가 얼마나 많은 잠재능력을 소유했는가가 아니고 그것을 어떻게 발굴하여 자신의 것으로 승화시키는가 하는 것이다. 자기개발과 자기개선이며 자각을 통해 자아실천인 것이다. 문제해결을 위한 사고방식의 조정으로 인생을 살아간다면 그 생각대로 삶은 전개될 것이다.

뚜렷한 목표를 향해서 돌진하라. 일에 대한 조직적인 사고방식은 당신을 번영케 만드는 재산이다. 공상을 버리고 똑바로 생각하고 행동하는 사람이 되라. 그렇게만 된다면 공포, 걱정근심, 의심, 우유부단, 혼돈상태에서 쉽게 탈출할 수 있을 것이다. 그리고 질서정연한 생활과 행복하고 보람된 인생을 살아갈 수 있을 것이다. 미리 준비된 하루하루의 생활태도는 세상에 두려울 것이 없게 만든다.

당신이 안고 있는 문제는 무엇인가? 그것을 해결하기를 원하는가? 그렇다면 그것을 조직적으로 분석하고 조직적으로 대처하라. 의외로 쉽게 해결될 수 있을 것이다.

가난을 생각하면 가난이 자라나고 병을 생각하면 병이 자라난다. 성공과 건강과 부를 생각하면 그것은 진실이 되어 자기에게 돌아온다. 자기암시란 자기에 대한 가장 확실한 약속이며 신념의 표현이고 각오와 용기의 표시이다.

성공자는 그의 가슴에 승리를 얻겠다는 신념의 암시를 게을리 하지 않았던 것뿐이다. 실패자는 그의 가슴에 소극적이고 비관적인 부정 암시를 했던 것이다.

당신 마음속에 의식적으로 나는 매사에 자신이 넘친다. 용기가 솟는다. 마음이 '매우 대담 해진다' 라고 하는 긍정적인 암시를 심어라. 당신이 성공을 간절히 바라면서도 실패할지도 모른다고 생각한다면 당신은 어쩔 수 없이 실패한다. 이것이 암시의 힘인 것이다.

인간세계에서 창조될 수 있는 성공은 인간의 의지에 의하여 시작이 되고 모든 인간의 정신 상태에 의하여 결정된다. 당신이 만약 성공하기를 진실로 원한다면 반드시 된다고 하는 신념이 있어야만 할 것이며, 그것만이 성공의 지름길이 된다. 조만간에 성공할 수 있는 승리의 신념이 있는 자기 암시의 소유자여야 한다. 당당하고 진지하게 앞만 보고 걸어 다니며 이길 수 있다는 자기 암시, 내가 바로 성공자라는 자기 암시로 살아나갈 마음의 준비가 필요하다. 농담으로라도 실패를 말하고 생각하지 말라. 더 나아가서 무슨 일에건 혼신의 힘을 다하는 적극적인 정신자세가 당신을 실패로부터 구원하며 성공으로 이끄는 원동력이다.

성공은 신념의 힘과 잠재능력을
마음껏 발휘할 때만 가능하다

인간은 누구나 태어나면서 무한한 잠재능력을 소유하고 있다. 그리고 그 능력을 마음껏 발휘할 권리를 가지고 있는 것도 사실이다. 그러나 얼마나 많은 사람들이 자기의 잠재능력을 인생의 그 광활한 대지 위에 마음껏 구가하고 있는가?

짧은 인생에서 후회 없이 자신의 삶을 영위하는 사람이 과연 얼마나 되는가? 통계에 의하면 불과 3%의 사람만이 자신의 잠재능력을 이용하여 원대한 계획과 확실한 목표에 도전하고 그 성취의 보람을 맛본다고 한다.

우린 그 3%의 성공집단에 합류하기 위해 온 정신력을 쏟아야 할 것이다. 그리고 신념의 힘을 이용해야만 한다.

필자는 신념이라는 소리를 많이 써왔으며 들어왔고 말도 많이 했다. 그러나 수박 겉핥기라는 말도 있듯이 신념은 누구의 전용물인 줄로만 알았지 신념을 이용하지 못하는 사람이 우리 주위에는 너무나 많다는 사실도 알았다. 국어사전에 보면 신념은 곧 믿어 의심치 않는 마음이라고 하였으며 서구의 신념은 생각하는 방식이라고 영어 사전에 나와 있다.

신념은 태산도 움직인다는 말과 같이 인간은 스스로 자기 생각을 통제하고 적극적으로 살아갈 수 있는 능력자들이다. 성공하고 싶지만 중단하거나 포기한다는 것은 철저한 패배를 초래할 뿐인 것을 우린 너무도 잘 안다.

반드시 성공할 수 있다는 신념을 지속할 수만 있다면 성공할 수 있다. 스스로 믿어야 한다.

나도 마음을 갖고 생각할 수 있으니 이 세상에서 꼭 필요한 사람이 되고 꼭 승리자가 되겠다고 자신 있게 외칠 수 있어야 한다. 신념이란 바로 확고한 행농을 가능하게 하는 밑바탕이며 그러기에 성공할 수 있다는 확신만 있다면 이 세상에 못할 것이 아무 것도 없는 것이다.

수술대 위에 올라 있는 환자를 살리는 것은 의사가 아니라 그 환자 자신이다. 나는 살 수 있다는 밑바탕이 있는 사람만이 스스로 살아날 수 있다는 말이다. 그렇기에 의사들은 먼저 수술을 하기 전에 그 믿음을 주는 것이다. 당신도 자기를 적극적인 인생, 즐겁고 행복한 인생으로 만들어 주는 것은 이 세상에 다름 아닌 바로 자기 자신뿐이라는 사실을 단 한시도 망각해서는 안 된다.

학교라고는 단 4개월 밖에 안 다닌 링컨 대통령은 자기는 변호사가 될 수 있다는 확신과 의지가 있었기에 변호사가 되는 공부를 하였으며, 끝내 변호사가 되었지 않았는가? 그러나 그는 그것에 만족하지 않고 대통령이 될 수 있다는 생각을 할 수 있었기에 15번의 실패를 불사하고 대통령이라는 고지를 향하여 전력투구했던 것이다.

대통령이 되기까지 15번이나 떨어졌던 그가 한숨도 쉴 수 있었고 절망도 할 수 있었으며 포기할 수도 있었으나 「링컨의 해는 없어진 것이 아니라 구름에 잠시 가리운 것뿐이다. 구름이 걷히면 언젠가 링컨의 해는 세상을 비칠 것이다」 라고 자문자답하여 마침내 미국의 대통령이 되었지 않았는가?

아브라함 링컨은 지금도 전 인류의 가슴 가슴마다 비쳐지고 있다. 그가 가신 지 140년이 지난 지금에도, 그의 56년이라는 짧은 인생에 관한 9천여 종의 책이 나왔다고 한다. 키도 작고 못생겼으며 보잘 것 없는 링컨을 영광스런 대통령으로 만든 것은 과연 무엇인가? 그의 생각이 바로 대통령을 만들었던 것이다. 나도 할 수 있다는 신념과 용기와 의지가 그를 대통령으로 만든 것이다.

우리 인간에는 세 가지 종류가 있다고 한다. 꼭 있어야 될 사람, 있으나마나 한 사람, 없어도 될 사람! 인간답게 살아간다는 것은 참 무서운 말이다. 꼭 필요한, 가정에서 사회에서 국가와 민족을 위하여 꼭 필요한 사람! 정말 인간다운 사람이다.

신념 없는 인생은 목적 없는 인생이요, 목적 없는 인생은 목적 없는 여행과도 같다고 하였는데 만약 당신이 해외여행을 떠날 때 목적도 없이 떠난다고 해보자.

김포공항에 나가서 어디 표를 사겠는가? 나태와 고달픔의 생활에서 매일 반복되는 목적 없고 의미 없는 삶을 원하는 사람은 아무

도 없다. 농부는 결실을 믿고 봄에 씨를 뿌린다. 한 되박을 뿌리
면 얼마만큼의 수확이 있다는 그 믿음으로 행동을 한다. 농부가
씨만 뿌렸지 잡초도 뿌리는 것을 보았는가? 그렇지만 잡초는 돋
아나게 마련이다. 제거해 봐도 잡초는 또 난다.

그렇듯 당신도 성공하려고 그랬었는데, 성공한다는 의식은 조금
밖에 없고 잡초가 우거져 있는 것뿐이다. 당신의 마음 가운데 있
는 잡초는 당신만이 제거할 수 있지 다른 사람은 제거할 수가 없
는 것이다.

물론 인간은 누구든지 잡념이 들 때가 있다. 그러나 긍정적이고
적극적인 신념으로 똘똘 뭉쳐 있다는 것은 바로 〈할 수 있다고
생각하면 할 수 있다〉이기 때문에 그 잡념을 물리칠 수 있는 것
이다. 〈이제부터는 나는 세상에 꼭 필요한 사람이 되겠다〉는 생
각을 가지고 잠을 자고 밥을 먹고 일터로 나가는 생활을 계속한
다면 당신도 누구 못지 않는 성공자가 될 수 있는 것이다.

항상 믿는 마음과 건전한 호기심을 가져라

만일 당신이 성공을 원한다면 당신 자신을 신용하라. 그리고 다른 사람을 신용하라. 당신의 사업을 신용하고 모든 인류를 신용하라. 믿음이 해답인 것이다. 다른 사람을 계속해서 신용하다 보면 물론 속을 수도 있다. 그러나 마음껏 신용하지 않으면 더욱 큰 고통 속에서 살게 될 것이다. 그러므로 끝까지 다른 사람을 신용하는 것이 중요한 것이다.

이용당했다고 생각하지 말라. 자신의 결점은 생각하지 않고 남에 대한 불신과 핑계가 당신을 더 돋보이게 하진 않는 것이다. 남을 믿고 살게 되면 우선 당신의 마음이 편하게 되며 그러한 여유 있는 마음이 중요한 것이 됨을 알아야 한다.

요구한 것만큼 일하지 않는 자는 죽은 자이다. 요구한 것만큼만 일하는 자는 노예이다. 그러나 요구한 것보다 더 많은 일을 하는 자는 자유인이다. 그리고 성공자이다. 요구하는 것보다 더 많은 일을 하는 것은 남을 그만큼 신용하는 것이다.

두 종류의 불만이 있다. 창조적인 불만과 파괴적인 불만이 바로 그것인데 전자는 유익한 것이요, 후자는 무익한 것이다. 남을 신용하게 되면 창조적인 불만으로 상대를 이해하게 되며 파괴적인 불만은 상대는 물론 당신 자신까지도 패배시키는 것이다.

이제 남을 신용하라. 신용하려면 철저히 신용하라. 의심이나 실망이 있는 신용은 당신을 파괴시킬 뿐이다. 신용이란 정녕 자신을 낮추고 남을 높여 주는 행위이며 성공을 위하는 고귀한 정신이다.

건전한 호기심은 무지를 정복하게 만든다. 보통 길을 벗어나 숲속으로 들어가면 당신은 지금까지 알지 못했던 세계를 발견할 수 있듯이 모든 일에 아무리 사소한 일이라도 의문을 제시하고 해답을 찾을 수 있는 호기심을 발동시켜라.

흥미와 탐구적인 호기심을 가질 때 당신의 마음은 활동 상태에 있는 것이다. 그러므로 색안경을 벗고 현실을 직시하라. 곤란하다고 해서 무조건 마음의 문을 닫고 배척하지 말고 마음의 문을 열어라. 마음의 문을 열게 되면 호기심과 흥미의 호수를 갖게 된다.

당신의 목표를 달성케 하고 성공하도록 만들며 나아가서 당신이 행복해지도록 만드는 것은 호기심과 흥미에서 비롯되는 것이다. 호기심이 없는 자는 노인이요, 아무 것도 하지 않는 자는 은퇴한 자라는 사실을 명심해야 한다. 호기심이 있는 사람은 매사를 흥미 있게 처리하기 때문에 세상은 보다 살기 좋은 곳이 될 것이다. 건전한 호기심을 가진 자는 퇴보 없이 전진하는 것이다.

키플링의 다음과 같은 말을 항상 기억하는 것도 좋은 일이다.

「나는 내 가슴속에 정직한 하인 여섯 명을 데리고 있다. 그들의 이름은 무엇을(What), 언제(When), 왜(Why), 누가(Who), 어디서(Where), 그리고 어떻게(How)인 것이다. 그들은 언제나 내게 충직하며 내가 더 좋은 세계에서 살 수 있도록 힘을 쓰고 있다.」 이것이 바로 호기심이다.

만일 당신이 성공을 원한다면 당신 자신을 신용하라. 그리고 다른 사람을 신용하라. 당신의 사업을 신용하고 모든 인류를 신용하라.

지금 당장 성공의 길로 들어서라

성공하겠다는 당신의 각오가 무엇보다 중요하다. 당신에게 그런 각오가 있다면 시작하라. 출발하라. 당신이 매사를 좌우하는 것이다.

연은 바람과 같이 나는 것이 아니라 바람을 등지고 나는 것이듯 핸디캡이 있다고 겁내지 말라. 불가피한 사실들은 차라리 인정하라. 장애물을 이용하면서 시작하는 것이다.

대책을 세워 행동하면 당신의 문제나 목표가 무엇이든 해결될 것이다. 행동을 개시하면 상황이 변한다. 행동이 행동을 낳는 것이다. 일하는 자가 행운아가 된다. 일을 많이 하면 할수록 더 많은 행운을 가질 수 있다는 것을 알라.

핑계의 전문가가 되지 말라. 지금 당장 시작하라는 말을 가슴 깊이 새겨라. 연기하거나 꾸물거리다가 아까운 시간을 낭비하지 말라. 지나간 사실에 대하여 후회하지 말라. 후회할 시간에 당신 자신을 변경시켜라. 지금 이 순간부터 후회 없는 행동으로 인생을 꾸

117

며나가면 되는 것이다. 그것이 중요한 것이다.

당신의 마음을 잡아라. 모든 것을 조직화시키고 체계화시켜라. 질서정연한 마음을 가지고 매사에 일하라. 그리고 항상 이렇게 생각하라. 「나는 지금 당장 시작하는 사람이다」 라고…

해결방안이 나올 때가지 기다리고 있지 말라. 확실한 행동은 활동적 결과, 즉 원만한 해결책을 가져다주는 것이다. 자, 이제 지금 당장 시작하라. 시작하여 돌진해 나가면 훌륭한 결과가 당신에게 달려올 것이다.

당신은 인류사에 하나뿐인 독특한 인간으로서의 왕도를 걸을 수 있는 신념의 소유자가 되어야 한다. 당신의 세계를 구축하여 지켜나가고 더욱 크게 번성시킬 왕으로서의 인격과 정신자세와 체통을 갖춰야 한다. 사고에 대한 반응을 지배하여 명령하는 강한 힘을 가진 왕이어야 한다.

당신에게 찾아오는 온갖 소극적인 사고를 단호히 거부하고 마음의 문을 활짝 열고 적극적이며 창조적인 왕으로서의 태도가 정녕 바람직한 것이라면 절대군주로서의 행동이 당신에게 있다면 당신은 어떻게 당신의 마음을 이끌려는가? 당신 자신의 사고와 마음의 동의를 받은 것 이외에는 그 어떠한 것에도 영향을 받지 말라. 그것이 진정한 왕도이다.

누가 당신 대신 살아줄 수도 없고 누가 대신 당신의 마음을 움직여줄 수도 없다면 당신은 과연 어떤 목적과 꿈의 설계로 성공적인 왕도를 걸으려는가?

부단한 자기개발의 노력, 자기관리의 끊임없는 의지로 왕으로서의 부족함이 없는 자세로 인생을 성공적으로 이끌어야 하겠다. 왕으로서의 행동 하나 하나가 후세에 기억되고 역사가의 매서운 비판을 받을 때 당신은 과연 어떤 존재로 평가를 받기 원하는가? 인간은 그 어떠한 경우나 환경 등에서도 어떠한 방법으로 반응할 것인가를 스스로의 힘으로 결정할 수 있는 것이니 자, 지금부터 왕도를 걷자.

자, 이제 지금 당장 시작하라. 시작하여 돌진해 나가면 훌륭한 결과가 당신에게 달려올 것이다.

성공의 힘은 어디에서 오는 것인가?

현상유지에 급급해서 성공의 흉내만 내지 말라! 가슴을 쭉 펴고 「운명아, 길을 비켜라, 내가 나간다!」라는 굳건한 자세를 보여야 한다. 소극적이고 부정적이며 비관적인 사고방식에 혁신을 일으켜 모든 일에 적극적이고 긍정적이며 낙천적인 정신자세를 갖는 길만이 성공을 위한 최선의 방책임을 알아야 할 것이다.

소극적인 인생은 출발하기도 전에 낙오하며 쟁취하기도 전에 포기하는 가련한 인생이다. '두렵지 않다', '무섭지 않다', '부끄럽지 않다' 라는 사고의 혁신이 있어야 한다. 진정으로 당신을 실패시키고 병들게 하는 자가 있다면 그것은 바로 당신 자신뿐인 것이다.

이제 진실 된 자기로 돌아가야만 한다. 당신은 위대한 기적의 소산물이요, 성공을 기약 받고 태어났다는 사실을 알라. 언제 어디서나 당신과 평화가 조화를 이룰 수 있는 착실하고 진지한 자기 자신을 찾으려 노력해야만 할 것이다.

120

사고의 혁신이 가져오는 무한한 힘을 바탕으로 회피하지 말고 닥쳐오는 시련이나 난제에 부딪쳐 보라. 풍성한 언어를 가슴에 담은 활기 있고 생동감 있는 정신을 가져라. 훈훈한 마음으로 빙그레 웃고 속에서는 안 된다고 하더라도 겉으로는 된다고 하는 적극적 진취적 낙관적 자세를 가져라.

낙숫물이 바위를 뚫는다는 말과 같이 조그만 행동 하나가 당신에게 행복을 가져다 줄 것이다. 내 인생 내가 살 수밖에 없으니 전력투구하는 최선의 노력이 지금 당신에겐 필요한 것이다.

강하고 용감하며 높게 비상하는 독수리와 약하고 비겁하며 낮은 곳에 머무르는 병아리 중 어느 것이 되기를 원하는가? 독수리는 성공을 기약 받고 태어난 위대한 존재로서의 자각이 있기에 진지하고 뚜렷한 목표를 항히어 날개를 편다. 반면 병아리는 어떤가? 아니 당신은 어떤가?

불행이라는 단어를 모르면 행복도 모르듯, 실패를 모르면 성공도 모른다. 보다 차원 높은 목표를 세우고 그것을 달성하기 위해 독수리의 용기와 신념으로 행동해야만 할 것이다. 「인사(人事)를 다하고 천명을 기다리라」 는 말과 같이 이제 당신은 당신 스스로 선택한 길에 온 힘을 다하여 매진하는 정신자세가 필요하다. 이 세상의 모든 가치 있는 것들은 모두 〈할 수 있다〉고 생각한 사람의 신념과 확신에 의하여 성취되고 달성된 것이다. 마찬가지로 성공의 목표를 의식하고 행동하는 자에게는 성공이 다가오며 실패의 불안을 의식하고 행동한 자에게는 반드시 실패가 다가옴을 인식해야 한다.

당신이 병아리가 아닌 독수리라면 한 차원 높게 생각하고 행동하여 성공자의 노래를 부르고픈 희망찬 가슴을 소유할 수 있어야 한다.

성공자들은 무언가 하나를 계획하고 목적을 세웠을 때 철저히 미쳤던 정열과 신념과 용기를 갖고 있었다. 독수리는 닭장 속에 있었다 해도 그 고통과 시련 따위는 능히 박차고 하늘을 힘차게 날아오를 수 있는 것이다. 〈할 수 있다고 생각하면 할 수 있다〉는 원리는 어떠한 환경에 처한다고 해도 돌파구를 찾을 수 있다는 하나의 진리이다.

행복한 성공자의 조건

지식과 경험을 바탕으로 한 용기를 가져라. 용기와 자신 없이 성공을 바란다는 것은 마치 뜬 구름을 잡는 것과 같은 무모한 짓이다. 자신을 통제할 수 있어야 한다. 스스로를 지배할 수 없는 사람은 성공도 지배할 수 없다는 것은 당연한 논리이다.

결단력이 있어야 한다. 우유부단하게 결정을 내리지 못하고 남의 눈치를 살피는 것은 자신이 없다는 증거이며, 결단을 내리지 못하고 있는 사이에 먼저 결정을 한 자가 앞서 나갈 것이다.

책임감을 가져야 한다. 자신의 실패에 대한 변명이나 핑계가 아닌 과감한 책임을 져야 할 것이며 이 각오 없이 책임을 회피한다면 결코 자신의 자리를 유지하지 못할 것이다.

협력자가 될 수 있어야 한다. 남의 도움만 바라지 말라. 먼저 남을 도울 수 있어야 하며 협력자라는 인상이 언제 어디서건 누구나의 머릿속에 남아 있도록 힘써라. ·

계획성이 있어야 한다. 일을 계획한다는 것은 실행을 전제로 한 것이기 때문에 그만큼 유효하게 일을 진행시켜 준다. 구체적이고

123

명확한 계획 없이 임기응변식으로 행동하는 것은 조만간 거센 파도에 휩싸일 조각배의 신세를 면치 못한다. 밝고 훈훈한 성격의 소유자가 될 것을 항상 명심하라. 어둡고 지저분하며 부주의한 사람은 결코 성공하지 못하며 성공한다 해도 오래가지 못한다. 용기·통제력·결단력·책임감·계획성·밝은 마음이 성공의 기본 요건이다.

용기·통제력·결단력·책임감·계획성·밝은 마음이 성공의 기본 요건이다.

시련을 극복하면 성공의 눈을 뜰 수 있다

• 자기 능력을 발휘하는 자기만의 발상법

당신은 지금 회사에서 자신이 처한 상황에 만족할 수 있는가? 어떤 여성잡지의 앙케이트 조사에 의하면 직장인의 80%이상이 지금의 일자리를 사퇴하고 독립하기를 원한다고 한다. 직장인뿐만 아니라 모든 영업에 종사하는 사람이라면 독립하여 자신의 점포를 갖길 원하는 것이 현실이다.

대기업의 경우 3년에서 5년만 지나면 자신의 능력이나 하고 있는 일과는 전혀 무관한 장래가 보이기 시작하고 그것이 중소기업일 경우는 하는 일에 비해 보수의 빈약함을 깨닫게 된다. 여기서 현재 근무하고 있는 회사나 직장이 싫어지는 이유는 다음과 같다.

첫째, 자신의 능력과 적성에 맞는 일을 시켜주지 않는다.

둘째, 상사 또는 부하직원과의 인간관계가 원만치 못하다.

셋째, 학력이나 파벌에 의한 차별적인 대우 때문에 자신의 장래가 결코 밝지 않다.

넷째, 출세는 체념한다 치더라도 초점이 되는 급료나 보너스 등 연봉이 인상되질 않는다.

125

위의 불만이나 불평을 해소하는 데는 과연 어떠한 방법이 있을까? 서점에 가면 출세하는 비결, 비즈니스맨의 처세술, 직장인의 성공사례담 등 유사한 책자가 많이 나와 있지만 불평이나 불만을 근본적으로 제거해 주는 책자는 없다. 그와 같은 불만을 해결해 주는 단 한가지의 방법은 자기회사를 설립하는 방법뿐이라고 생각한다. 그렇다고 즉시 사표를 던지고 독립하라는 뜻은 아니다. 그러기 위해서는 나름대로의 마음가짐과 철저한 준비 작업이 필요하다.

최근 각 단체에서는 창업교실 특강을 많이 실시하고 있는데 다만 한 가지 분명한 것은 자기 회사를 설립하는 것이 결코 불가능한 것은 아니라는 것이다.

잠시 당신 주변에서 보는 기업인들을 생각해 보라. 대부분의 기업인들이 각기 다른 장벽과 난관에 부딪쳐 온 것은 사실이지만 중요한 것은 그들 모두가 애초에는 한낱 평범한 한 인간이었다는 사실이다. 다만 생각이나 행동에 있어서 그렇지 못한 사람들과 다른 새로운 방법이 있었을 뿐이다.

불확실한 시대에 있어서의 직장인에게 필요한 것은 자신의 두뇌 구조를 교체하여 새로운 발상법을 받아들여 새로운 행동으로 대처하는 것이다. 미국이나 일본 등 선진국 회사와 우리를 비교해 보면 가치관이나 사명감 등 비즈니스맨이라면 꼭 알아야 할 사항이 많이 있다.

어느 대학의 경영학자가 자신의 이론을 근거로 붕괴직전의 회사를 인수 경영한 일이 있었다. 결과는 즉각적인 도산이었다. 회사를 창업하고 운명해 나가는 일은 이론이 아니라 실천이라는 교훈의 좋은 본보기다.

자신의 회사를 가진다는 것은 스스로 실천해서 이익을 내는 것이므로 머리속에서 생각하는 것만으로는 불가능하다. 어쨌든 해봐야지 하고 부딪쳐 보지 않고는 결과를 예측할 수가 없다. 결심을 하고 시작해 보면 수많은 난관에 부딪치게 되고 실제 상황에서 성공의 결과는 쉽게 나오지 않는다.

만일 실패나 좌절이 있다 하더라도 그것은 상사나 회사 시스템의 문제가 아니고 자기 자신의 운영방식이 문제가 된다.

모든 결과는 자기 자신의 책임이다. 그 어떤 유능한 경영자라 하더라도 실패와 실의와 좌절은 있다. 하지만 그것이 밑거름이 된다면 새로운 도전과 성공의 길은 있는 것이다. 지금 자신이 하고 있는 일 속에서 몇 가지 가능성을 발견하고 소극적인 현재로부터 보다 적극적인 미래로 180도 바꿔 성공의 길로 가기 바란다.

자기 자신을 분석하고 남의 두뇌도 활용하라

자기 인생의 최종 목표를 세워놓고 그것을 향하여 나아갈 때 가장 중요한 것은 자기 자신을 분석하는 일이다. 자신의 능력, 체질, 취미 등 모든 분야에서의 자신의 위치를 분석하고 파악한 후 그것들을 이용할 수 있는 최선의 방법이 무엇인가를 찾아야 하는 것이다.

자신을 안다는 일은 무엇보다도 중요한 일이다. 대부분의 실패는 자신의 능력보다 훨씬 높게 책정하고 무리하게 덤빈 결과로 생긴다. 세밀하고 정확하게 자기 자신의 모든 것을 파악하고 정해진 목표는 결코 실패가 없을 것이며 또 설령 실패가 있다 해도 그것은 실수이지 실패는 아니다.

옛 성현에 이르기를 〈너 자신을 알라〉라고 하였듯이 자신의 문제, 자신의 모든 것을 완전히 분석하고 있으면 자기에게 일어나는 모든 일에 능히 대처할 수 있을 것이다. 그렇게 하나하나 처리해 나가는 것이 성공의 단계를 걸어 올라가는 것이 됨을 알아야 한다. 자신을 분석하면 남의 것도 분석할 수 있게 된다. 나의 경우와 상대의 경우, 나의 문제에 대한 상대의 분석 등이 용이하게 판단될 수 있는 것이다.

자신의 위치를 제대로 설정하지 못하고 과대평가하거나 과소평가하면 언제나 실패자들의 울타리를 벗어나지 못한다. 당신이 어디에 쓰여질 수 있으며 어떤 존재로 내보일 수 있는가에 대한 판단은 사실 쉽지 않은 문제이다. 그러나 남이 대신 해줄 수는 없다. 자기 자신의 문제를 스스로 파악하고 분석하는 것이 성공을 향하여 내딛는 첫발이 됨을 알라.

사람의 두뇌는 건전지에 비교될 수 있다. 몇 개의 건전지를 이용하느냐에 따라서 방출되는 에너지의 양이 다르듯이 두 사람 이상의 두뇌가 모여 어떤 일을 해나간다면 그만큼 큰 효과를 얻을 수가 있을 것이다. 그것이 바로 조화와 협력의 힘이다. 남의 두뇌를 슬기롭게 이용하는 사람이 그만큼 더 큰 에너지를 방출할 수 있으며 그러한 협력자가 많으면 많을수록 그 결합으로 강조되는 결과의 힘은 기대 이상이 될 것이다.

자동차 왕 헨리 포드는 10년의 기간 동안에 가난과 무지를 딛고 미국 최대의 거부가 되었다. 그 비결은 무엇인가?

헨리 포드의 성공은 토마스 에디슨의 두뇌의 힘이 많이 작용했다는 사실을 아는 사람은 별로 많지 않다. 마음의 교류가 성공에 어떤 힘이 되고 있는가에 대한 소중한 증거가 되고 있는 것이다. 에디슨과 같은 훌륭한 두뇌의 소유자들과 친분을 나누고부터 그의 성공은 시작된 것이다.

진정한 마음을 나누는 가운데 상대방의 소질, 능력, 계획 등을 상호 흡수할 수 있게 되며 자신의 부족함이나 모르고 있던 점을 자신의 목표에 이용할 수 있으니 이보다 더 훌륭한 교육이 어디 있겠는가?

자신의 두뇌에 남이 가진 지성과 경험, 정신력과 성공법 등을 흡수하라. 단호한 목표를 향하여 나갈 때 그것은 당신 안에서 훌륭히 조화되고 결합되어 크나 큰 에너지로 방출될 것이다. 남의 두뇌를 이용하라. 흡수하여 당신 것으로 하고 성공을 위하여 겁 없이 써라.

성공하겠다는 마음이 성공의 원동력이다

인간의 마음에는 위대한 힘이 있다. 그러나 대부분의 사람들은 이 위대한 힘을 사용하지 않고 있다. 만일 이 힘을 이용하기만 한다면 당신의 어떠한 소망도 다 이루어질 것이다.

영국의 유명한 의사 캐논 박사는 다음과 같이 말했다.

"아직 인간은 잘려진 발을 새로 돋아나게 할 수는 없지만 만일 마음속으로 그것을 불가능하다고 부정하지만 않는다면 발도 새로 돋아날 것이다." 인간의 잠재의식이란 깊은 마음 속에서 그것은 틀림없이 된다고 확신하기만 하면 마치 게가 새로운 집게발이 돋아나듯이 인간도 새로운 발을 돋아나게 할 수 있을 것이다.

큰 소망을 진실로 자기 가슴속에 지니는 사람이라면 누구나 그 목적을 달성할 수 있다. 아무리 높은 이상이라도 이 마음의 위력을 쓰면 틀림없이 달성할 수 있다.

만일 당신이 훌륭한 인간으로 빛나는 장래를 가지고 싶다면, 그것은 당신 자신이 선택한 마음의 사용법이 그렇게 만든 것이다. 그리고 만일 당신이 비참한 무능력자라면 그것도 당신 자신이 선택한 마음의 사용법 탓인 것이다.

이 사실은 아무리 강조해도 부족할 만큼 엄연한 진리이다. 당신의 마음이 당신을 성공시킬 수도 있고, 파괴시킬 수도 있는 것이다. 좋은 행위거나 나쁜 행위거나, 처음에는 그것이 마음에서 생겨 밖으로 나타난다는 사실을 깨닫는다면, 당신은 〈사람은 자기가 뿌린 씨를 거두어 들인다〉는 말의 뜻도 이해하게 될 것이다. 당신이 씨 뿌리는 것은 마음의 사용법이고, 수확을 거두는 것은 당신의 운명인 것이다. 단지 성공하고 싶다는 막연한 생각으로 출발해서는 안 된다. 당신의 욕망이 다른 모든 것을 흡수할 만큼 강한 것이 아니어서는 안 된다. 한 가지 욕망에 당신의 모든 정력을 집중시키고 모든 주의력을 거기에 집중시켜야 하는 것이다. 세상에는 열심히 노력하면서도 성공하지 못하는 사람이 많다. 성공에는 열심히 노력하는 것 이전에 그 무엇이 필요하다. 그것은 바로 뚜렷한 목표를 정해놓고, 그 목표를 달성할 자기의 능력에 대하여 굳은 신념을 갖는 일이다.

영국의 수상이었던 처칠은 어린 시절부터 사람들의 주목을 끈 사람이었다. 그의 전기를 읽어 보라. 그의 생각이 얼마나 명확했고, 그의 목표가 얼마나 뚜렷했으며, 그 목표를 위해서는 일보의 양보도 하지 않았다는 사실을 알게 될 것이다. 성공을 위해서는 목표를 바꾸지 말고 마음속으로 결정한 꿈을 낮에 틈만 나면 그것을 생각하고 연구하여, 밤이면 그것이 꿈에 보이도록 하여야 한다.

좋은 인간관계가 성공의 지름길이다

이 세상의 모든 사람이 성공과 행복을 추구하고 있다. 그러나 성공과 실패의 원인 분석을 보면 다음과 같다.

카네기 공과대학(C.I.T) 보고에서 10,000명 중 15%가 능력부족이고 85%가 인간관계(Human Relations) 실패로 나타났다.

하버드 대학에서는 20%가 능력부족 80%가 인간관계 실패로 나타났으며, 실패자 4,000명을 대상으로 조사한 바에 의하면 15%는 전문적인 지식과 기술의 부족이고 역시 85%가 인간관계 실패로 나타났다.

이곳에서 80% 이상이 인간관계에서 실패하는 이유를 살펴봤더니 육체적, 정신적으로 자기 자신을 스스로 저평가 한다.

남의 앞에 서기를 꺼려한다.

수줍어한다(shyness).

소심하다(Timidity).

불안해한다(Ill-at-ease).

열등감(Inferiority complex)이 심하다.

자기 자신을 비참하게 생각하고(self-pity) 팔자탄식을 한다. "남이 나를 어떻게 생각할까? 비평(criticism)에 대한 공포에 쌓여 있다.

험담(Gossip)과 탓(Blame)을 한다.

불평, 불만(Backbiting)과 자기능력을 의심한다(self-doubt).

불의 부정과 타협을 모르며 거짓말을 자주 한다.

무사 안일한 나날을 보내며 남을 이유 없이 미워한다(Hate).

시기, 질투, 모함을 잘하며 남과 협동심이 결여되어 항상 자기만을 생각하는 이기적 생활습관이 있다.

* 항상 상대방의 입장에 서서 잘 귀담아 들어주고 본인의 말을 줄여 원만한 인간관계를 유지하는 길이 성공의 지름길이라고 말할 수 있다.

인간관계는 나의 태도에 달려 있다. 내가 타인들과 좋은 인간관계를 맺지 못하고 있다면 그 원인은 내가 좋은 관계를 맺을 수 없는 인간이기 때문인 것이다. 내가 어느 정도까지 성실하게 남을 대할 수 있으며 어느 정도까지 깊이 남을 이해할 수 있는가 그리고 어느 정도까지 남을 위하여 수고 할 수 있는가 이런 것을 진지하게 생각해 본다면 나의 참모습을 발견할 수 있을 것이다. 인간관계의 법칙은 모두가 기브 앤 테이크(give and take)가 적용된다. 오는 정이 고우면 가는 정도 곱고 내가 잘하면 상대방도 잘 하게 되는 것은 인심의 자연스러운 경향이다. 인간관계에는 별다른 비법이 없다. 누구보다 자기 자신이 잘 알고 있다. 다른 사람의 언행이 당신을 진심으로 기쁘게 만든 경우가 틀림없이 있을 것이다. 그것을 당신도 다른 사람에게 행하면 된다. 반대로 다른 사람의 언행이 당신의 감정을 상하게 했다면 그런 언행을 행하지 않는 것이 좋은 인간관계의 비법인 것이다.

말이란 약과 같은 것이다. 말만 잘하면 천 냥 빚도 갚게 되고 입을 함부로 놀리거나 한마디 쓸데없이 더한 것이 엄청난 재앙을 초래하기도 한다. 그러므로 말은 항상 신중하게 생각하고 사용하지 않으면 안 된다.

행복하고 성공적인 인생을 보낸 사람들의 대부분은 인간관계에 성공한 사람들이기 때문이다.

적극적인 행동과
할 수 있다는 자신감을 가져라

적극적인 사고방식은 중요하다. 문제해결의 지름길인 것만은 틀림없다. 그러나 보다 중요한 것은 바로 적극적인 행동이다. 적극적인 사고방식을 바탕으로 한 적극적인 행동이어야 한다.

당신이 불행을 생각하면 그만큼 더 손해를 보게 될 것이다. 마찬가지로 소극적인 행동이야말로 당신을 패배시키는 요인이 된다. 실수를 겁내지 말라. 겁내야 할 것은 당신이 실수를 겁내는 바로 그 자체인 것이다. 실수를 범하지 않는 사람은 아무 것도 하지 않는 사람이다. 그리고 그것이 가장 큰 실수인 것을 알아야 한다. 행동을 하지 않고서는 당신의 꿈을 실현시킬 수가 없는 것이다. 당신의 인생행로에는 어려움이 있을 것이다. 그러나 그것을 감사하게 여겨라. 그것은 당신의 저항력을 테스트하는 것이다. 당신은 역경을 극복하기 위해서 전력을 다하게 될 것이다. 그것이 적극적인 사고방식이며 보다 중요한 적극적인 행동이다.

성공보다는 꾸준히 일하는 것이 중요하다. 일하는 자는 그가 성공하건 실패하건 존경을 받게 되며 성공을 기약 받게 될 것이다. 세상에서 볼 수 있는 대부분의 선행은 비교적 재주가 없는 사람들이 최선을 다한 결과라는 사실을 기억하라.

이 세상에서 대부분의 성공은 자신의 결점에도 불구하고 그것을 디딤돌로 이용하여 적극적인 행동으로 일을 시작했다는 데 있었다. 적극적인 사고방식으로 생긴 아이디어를 행동화시켜라. 행동이 따르지 않는 사고는 이미 죽은 사고인 것이다.

자기발견의 험난한 신념, 불굴의 끈기, 넘치는 용기를 가지고 목적지를 향해 나가야 한다. 할 수 없다 안 된다는 소극적이고도 부정적인 말은 아예 하지 말라.

어떤 방법으로든지 출발점을 가져야 한다. 인생의 전환점이 있는 자는 방탕자가 되지 않는 것이다.

목표와 계획이 없는 자는 남의 지배를 당하지만 목표와 계획이 있는 자는 인생을 지배하는 지도자가 될 것이다.

무엇이든지 된다고 믿고 일하면 성취할 수 있다. 믿음이 열쇠이다. 그것은 행복과 성공의 생활을 약속하는 필수조건이다. '할 수 없다', '안 된다',라는 말은 교묘한 핑계이지 문제해결을 위한 하등의 도움도 되어 주지 못한다.

확신하라. 신념을 가지고 살면 과거보다 더 개선된 사람이 될 수 있을 것이다. 그러므로 할 수 없다는 이유를 찾지 말고 할 수 있다는 이유를 발견하기에 힘써라. 적극적인 세계 속의 성공적인 사람이 되어야 하는 것이다.

우리가 지금 누리고 있는 첨단과학의 이상은 할 수 있다는 신념의 실현이다. 꿈을 향한 인간의 도전은 모든 사람들에게 편리와 이익을 가져다주었지만 그것을 실현시킨 사람은 불과 몇 사람뿐이다. 대부분이 할 수 없다 안 된다의 부정적인 사고방식이었으나 '할 수 있다', '된다' 의 적극적인 사고방식이 오늘을 이룩한 원동력이 된 것이다.

이제 당신 인생 속에서 신념의 법칙이 살아 움직이도록 힘써라. 믿는 자에게는 능치 못한 일이 없느니라.

항상 큰 기회가 있음을 알라. 당신이 만일 고통을 만나 낙담한다면 당신의 미약함을 보이는 것뿐이다.

역경을 겁내지 말라. 오히려 환영하라. 별을 보고 활을 쏘다가 독수리를 잡는 것이 독수리를 겨냥하다가 돌을 잡는 것보다 더 낫다고 하듯이 목표를 마음에 품을 때 대범하게 생각해야 한다. 목표와 계획을 세우기만 하면 다 되는 것이 아니다. 언제까지 달성시킬 것인가를 결정하라. 그리고 뚜렷한 행동지침과 기타 필요한 모든 것을 마음속에 담아두어라. 그리고 부단한 자기개혁의 노력이 있어야 한다.

목표설정- 계획수립- 날짜결정- 목표에 대한 의식- 행동- 노력 이것이다. 크게 생각하라. 역경 속에서도 기회를 찾아라. 목표와 계획을 적어서 실천하라. 이 원리가 당신에게 행복과 번영을 줄 것이다.

절대로 실패의 노예가 되지 말라

실패했을 때 낙담하거나 좌절하지 말라.

실패하지 않고는 성공할 수 없으며 성공하기 위해서는 실패도 피해서는 안 된다. 어떠한 실패 앞에서도 늠름한 자세로 웃을 수 있고 기뻐할 수 있다면 당신은 분명 성공할 수 있다. 실패하지 않는 자는 아무 노력도 하지 않았다는 사실을 말해 준다는 사실을 알라. 만약 당신에게 실패를 인정할 만한 지성이 있다면 그것은 이미 실패가 아니라 교육적인 것이다. 실망만큼 사람을 해치는 것은 없다. 기분에 좌우되어 실망하고, 미리 두려워하고 망설이고, 미리 실패자의 자세를 취한다면 당신은 이미 실패한 것이다.

실패를 하려면 철저히 실패하라. 불태우려면 철저히 불태워라. 실패에서 얻어낸 이익이야말로 진정 값있는 것이다. 절대로 실패의 노예가 되지 말라. 실패했더라도 다시 일어나 자기 길을 굳건히 가라. 당신은 당신에게 일어나는 그 어떤 문제보다도 더 위대하고 훌륭한 존재이다. 그러니 실패를 기뻐하라.

할 수 없다고 어떤 일을 하지 않는 자는 그 일을 해내는 자에게
밀리게 된다. 두 주먹 불끈 쥐고 도전하고 투쟁하고 전진하지 않
는다면 최선을 다한 다른 사람에게 짓눌리게 된다. 낮과 밤이 교
차하는 것처럼 성공이 있는가 하면 실패도 있고 고통이 있으면
희망이 있다. 실패 그 자체에 문제가 있는 것이 아니라 실패에 얽
매인 당신의 마음, 바로 그것에 문제가 있음을 알아야 한다. 실패
를 실패로 생각지 말고 성공을 위한 고마운 디딤돌로 생각하라.
정상을 정복하기 위한 하나의 과정으로 생각하라.

당신은 인생을 사랑하는가? 그렇다면 시간을 낭비하지 말라. 왜
냐하면 인생은 시간으로 구성되어 있기 때문이다. 시간은 어느
한 사람만의 전유물이 아니다. 누구에게나 평등하다. 올바르게
사용한다면 우리에게 시간은 항상 많다.

시간을 선용하려면 우유부단을 버려야 한다. 그러므로 되도록 빨
리 결정을 내린다. 결단을 내려야 함에도 불구하고 질질 끈다는
것은 모욕이며 수치이다. 실수가 있더라도 결정을 내리고 행동해
야만 시간은 절약되는 것이다. 누구도 당신을 위해서 결정을 내
려주지 않는다. 당신만이 당신 인생의 결재자이니 시간의 가치를
깊이 깨닫고 현실에 충실할 수 있어야 한다.

당신이 어떤 일을 시작해야 할 가장 적당한 시간은 바로 지금이
다. 꾸물거리며 연기한다고 저절로 문제가 해결되는 것이 아니다.
하루 24시간을 정확히 배분하여 유용하게 처리해 나가라. 할 일
을 위해서 시간을 찾지 말고 그 일을 위해서 시간을 만들어라.
해야 할 일을 정시에 시작하는 습관을 길러라. 그리고 여유 만만

하게 행동할 수 있도록 시간배정을 넉넉히 하라. 시간이 없다고 투덜대지 말고 시간을 선용해야 하는 것이다.

시간의 노예가 되지 말고, 혹은 시간을 죽이지 말고 시간의 주인이 되고 시간을 살려야 한다. 그러려면 바쁘게 일해야 한다. 시간을 계획하고 조직해서 당신이 해야 힐 일들을 처리해야 하는 것이다. 어제의 일 때문에 혹은 어찌될지도 모를 미래 때문에 오늘을 망치지 말라.

창조적 생각과 효과적 생각으로
능력을 증가시켜라

상상력은 잠재능력 중 가장 귀중한 일부이다. 상상력은 창조적인 사고방식의 명수가 되는 한 방법인 것이다. 보다 높은 곳으로 가기 위하여서는 상상력이 필수요건이 된다. 당신이 지금 무슨 일을 하고 있던 간에 새로운 아이디어를 개발하여 전개시켜 나갈 때 그것은 무한한 잠재능력으로 발동되어 큰 성공을 거두는 밑바탕이 될 것이다.

창조적인 사고방식은 창조적인 행동이 되며 그것은 또한 창조적인 능력을 증가시킨다. 창조적인 사고방식을 기르기 위해서는 어떤 문제에 대해서 질문을 계속하고 해답을 찾아보는 행위를 계속하라. 질문을 하는 자는 5분간의 바보가 되지만 질문을 하지 않는 자는 영원히 바보가 된다. 비록 뚜렷한 해답을 얻지 못한다고 해도 상상력을 통해서 아이디어를 창조하면 언젠가는 소기의 목적을 달성시킬 수가 있을 것이다.

성공한 사람들은 실망과 좌절의 순간에도 창조적인 노력을 잃지 않고 목표를 향하여 돌진한 사람들이다. 일시적인 실패를 성공의 디딤돌로 이용한 것이다. 그러려면 상상력을 마음껏 활용하라. 겁내지 말고 이용하라. 실패를 두려워하여 창조적인 아이디어를 꺼리거나 행동화시키지 못하면 당신은 결코 성공하지 못한다. 다음과 같은 예는 당신에게 상상력의 힘이 과연 무엇인가를 잘 시사해 줄 것이다. A 상점이 〈할인 대판매〉의 슬로건을, B 상점은 〈염가 대매출〉을, C 상점은 이것을 보고 〈대인기 상품〉이라고 써 붙였다. 결과는 창조적 사고방식의 C 상점의 대승리였다. 사고가 사람을 만든다. 생각이란 인생을 의미하며, 선명하게 그리고 효과적으로 생각한다는 것은 인간의 가장 큰 재산이 된다. 효과적인 사고방식은 갈고 닦아야 빛이 나는 기술이다. 과거의 경험과 지식을 거울삼아 미래를 예상하면서 당면한 문제를 해결

하는 것, 바로 그것이 효과적인 사고방식의 기술인 것이다. 편견을 버리고 합리적인 생각으로, 감정을 버리고 냉철한 판단으로 처신한다면 당신은 훨씬 새로운 길을 걸을 수 있게 된다. 사실에 근거해서 어떤 결정을 하는 것이 아니라 감정에 치우친 처리를 하게 되면 그것은 실패와 이어지는 것이라는 사실을 알라. 감정에 치우치지 않으려고 매사를 의심하는 것은 큰 잘못이다. 당신의 확신을 점검해 보라. 잘못된 것이 있으면 즉시 인정하고 시정하라. 그것은 용기 있는 행동이지 수치가 아니다. 그것은 또한 효과적이고 건설적인 사고방식의 소유자로 만드는 시발점이 되기도 한다.

효과적인 생각이란 어떤 일의 결정, 이해, 해결을 위해서 끊임없이 묵상하고, 궁리하고, 추리하여 보다 완전한 계획과 목표를 세우는 것이니 경험과 지식을 바탕으로 한 성실한 노력으로써 최선을 다해야 할 것이다. 인생의 만족과 행복을 위한 필요의 충족은 효과적인 생각을 통해서만이 거두어질 수 있는 열매라는 사실을 가슴 깊이 인식하고 생각하고 행동하라. 건설적으로 생각하는 자만이 건설적인 결과를 가질 수 있다.

성공한 사람들은 실망과 좌절의 순간에도 창조적인 노력을 잃지 않고 목표를 향하여 돌진한 사람들이다. 일시적인 실패를 성공의 디딤돌로 이용한 것이다. 그러려면 상상력을 마음껏 활용하라. 겁내지 말고 이용하라. 실패를 두려워하여 창조적인 아이디어를 꺼리거나 행동화시키지 못하면 당신은 결코 성공하지 못한다.

Part4

훌륭한 리더의 칭찬과 질책

리더십의 조건

인간은 누구나 성공하길 원하고 있다. 그러나 기업은 리더의 자질을 갖춘 엘리트 신입사원을 원하고 있다. 사실 리더의 자질을 한마디로 정의 내리긴 어려운 이유가 너무 조용해도 안 되고 사실 너무 잘난 척도 감점요인이 될 때가 많기 때문이다. 물론 이력서만으로도 엘리트 인재를 충분히 가려낼 수는 있다. 그러나 지원자의 10%도 안 된다. 대부분의 지원자들은 이력서에서 별다른 차이가 없다.

이때 면접에서 옥석이 가려지는데 면접관들이 공통적으로 보는 항목이 리더의 자질이고 그 중 하나가 CEO의 자질이다. 거창하게 최고경영자가 아니더라도 부서를 책임지고 이끌어 가려면 리더십으로 나타나는 CEO 자질은 필수다. 타고난 리더십을 갖고 있는 사람들도 있겠지만 의식적인 노력이 더 중요한 것이다.

*** 리더십을 배우고 키우는 방법 ***

1) 각종 행사에 적극적으로 참여하라.

148

대학 신입생 OT, 환영회, MT, 봉사활동 등 여러 행사에 적극적으로 참여하면서부터 배울 수 있다. 캠퍼스 안팎에서 접할수 있는 각종 경험들은 물론이고 처음 기획단계 부터 참여해프로그램을 구상하고 이를 진행하다 보면 조직사회에 대한간접경험을 할 수 있다.

2) 단체에서는 스스로 임원을 지원하라.

이왕 단체생활을 하는 데에는 일반회원 보다는 임원이 더 좋고 배울 점이 많다. 학과를 움직이는 학생회와 단과대학 학생회, 지역대학 및 총학생회 등에서 일하거나 동아리 임원을 맡아 보는 것도 큰 경험이 된다. 그 이유는 학습정보가 빠르고선후배 교류폭도 커지고 교수들과의 인적네트워크도 넓어져도움을 얻을 수도 있다.

3) 그룹 동호회를 만들거나 카페 or 블로그를 개설하라.

이미 만들어진 동호회나 모임에 가입하는 것도 좋지만 스스로개설하는 것이 더 좋다. 인터넷카페, 블로그, 스터디그룹 등을 개설하면 여러 가지 이점을 얻을 수 있으며 큰 경험이 된다.

4) 간접체험이 중요하다.

성공한 CEO들의 리더십을 배우기 위해 꾸준히 노력해야 한다. 관련 서적을 읽어 보면서 리더십이 어떻게 생기고, 리더십을 효과적으로 발휘하는 방법은 무엇인지 배워야 한다. 각종 세미나를 통해 간접 경험을 쌓는 것도 바람직한 방법이 될수 있다. 인간의 타고난 리더십은 1%이고 학습된 리더십이

99%라는 것을 명심해야 한다. 즉, 리더십은 타고나는 것이 아니라 만들어 지는 것이다.

5) 스피치 연습은 중요하다.

리더십 학습을 위해서 꾸준한 스피치 연습을 해야 한다. 남과 타협하거나 설득할 수 있는 언변도 중요하다. 명강사들의 화법을 메모하며 분석하는 습관을 갖고 연구하면 된다.

대화에서 상대방을 인정하거나 호감가게 말을 해주면 상대방을 설득할 때 유리하기 때문이다. 언행일치와 솔선수범의 태도를 갖추려는 노력도 중요하다.

6) 스스로 자신을 PR하라.

현대사회는 자기 PR시대이다. 자신의 장점을 남에게 알리지 않으면 남들은 당신이 무엇을 잘하는지 어떤 능력이 있는지 하나도 모르기 때문이다. 리더십을 드러내려면 기회가 있어야 한다는 사실을 깨달아라.

자신의 능력과 성공 경험을 다른 사람들에게 직접이나, 간접적으로 알리는 것도 의식적인 노력을 해야 한다.

7) 리더십의 기본은 인품이다.

적극적으로 행동하고 능동적으로 대처하라. 리더십의 기본은 인품에서 나오는 것이다. 타인을 존중하고 배려하는 생활방식 속에서 저절로 리더십은 길러지게 된다.

*** 리더가 갖추어야할 덕목 ***

1) 칭찬과 감사의 말로 시작하라.(칭찬할 땐 솔직하고 진지하게 하라)

2) 잘못을 간접적으로 알게 하라.(비난이나 비평 불만을 대놓고 하면 기분이 상한다)

3) 상대방을 비평하기 전에 자기 자신의 잘못을 인정하라.(그래야 상대방도 잘못을 받아들인다)

4) 직접적으로 명령하지 말고 요청하는 방법이 좋다.(서로 부탁하면 들어줄 수 있도록 믿음을 주라)

5) 아주 작은 진전에도 칭찬을 아끼지 말라.(진전이 있을 때마다 칭찬을 해주어라.) (동의는 진심으로, 칭찬은 아낌없이 해야 한다.)

6) 상대방에게 훌륭한 명성을 갖도록 해주라.(같이 성장하는 계기가 된다.)

7) 상대방의 체면을 세워줘야 한다.(인간은 똑같은 인격체를 갖고 있다.)

8) 격려해주라.(잘못은 쉽게 고칠 수 있다고 느끼게 하라.)

9) 다른 사람에게 열렬한 욕구를 불러 일으켜라.(할 수 있다는 자신감을 심어주라.)

10) 당신이 제한하는 것을 상대방이 기꺼이 하도록 만들라. (힘이 들더라도 상대방이 해낼 수 있도록 도움을 주어야 한다.)

11) 다른 사람들에게 순수한 관심을 기울여라.(세상의 모든 사람들은 자기가 원하는 것에만 관심이 많다.) (리더는 그들이 원

하는 것이 무엇인지 빨리 파악하고 그것을 어떻게 하면 얻을
수 있는지 보여주는 것이다.)

12) 비전을 공유하고 열정을 불러 넣어라.(같이 일하고 같이
좋은 결과를 기대하고 기쁨을 나누어라.) (갈등은 해소하
고 실수하는 사람들도 껴안을 수 있도록 솔선수범을 보여
라.)

*** 변혁적 리더십을 기르는 방법 ***

변혁적 리더십은 조직원 하나하나의 관심사를 파악하여 구성원의
변화와 변혁을 일으키는 리더십이다. 변혁적 리더십의 기술을 요
약하면,

1) 말을 시작하기 전에 먼저 요점을 가다듬고 정리해 보며 말을
할 때는 이성적이고 논리적인 생각을 해야 한다.

2) 목소리는 크기와 높이를 잘 조절하고 불만이나 푸념 또는 부
정적인 말은 하지 않는다.

3) 간결하고 명확한 문장으로 얘기하고 자연스런 무게감과 표정
을 한다.

4) 평소 대중 앞에 서는 연습을 하고, 보다 넓고 깊은 안목으로
세상을 관철하고 이야기 꺼리를 많이 만들어 두어야 한다.

05) 심각한 상황에서도 때론 유머를 섞어 긴장감을 풀어주는 여
유를 가져야 한다.

6) 항상 상대방의 반응에 적절히 대응하면서 말을 하고 친한 사
이라도 예의를 갖추어 말을 하는 것이 좋다.

7) 상대방이 내 생각과 같을 것이라고 속단하면 안 되고 화가 난
상대방의 말을 감정적으로 맞받아치는 일은 없어야 한다.
8) 상대방을 과소평가 하지 말고 말할 기회를 주어야 하며 사전
에 준비 없었던 내용을 함부로 말하지 않아야 한다.

화술 능력을 키워야 성공 한다

우리가 생활하면서 똑같은 내용을 전달하더라도 어떤 사람이 어떻게 말하느냐에 따라 그 전달과 결과는 크게 다르다. 어떤 사람이 어색한 억양을 섞어가며 거친 목소리로 말하거나 앞뒤 논리도 맞지 않고 자신감도 없이 말한다면 듣는 사람들은 내용에 관계없이 건성으로 들으며 나중엔 무슨 내용이었는지 하나도 모르며 그 사람에 대해 관심도 두지 않을 것이다.

화술이 뛰어난 사람은 상대방의 관심을 끄는 것은 물론이고 자기가 하는 말이 내용이나 인격까지 대단해 보이게 만든다. 여러 사람 앞에서 말할 때는 내용보다 화술이 더 큰 영향을 미칠 때도 있다. 살다보면 사적인 모임에서 상대방의 마음을 사로잡거나 공적인 자리에서 청중을 설득해야 할 때가 있다. 이럴 땐 내용도 중요하지만 말하는 사람의 표정, 동작, 목소리가 더 중요하게 작용하며 말의 표현 형식이 결과를 좌우하기도 한다.

화술을 잘하기 위해선 먼저 확고한 목표를 가져야 한다.

그 목표를 위해 책을 소리 내어 읽어 보고 문장 연습을 하는 등 집중적으로 노력하며 마음속으로 이렇게 다짐해보라. 나는 능력을 발휘하는 사회인이 될 것이다. 그러기 위해선 말을 잘해야 한다. 일상적인 대화를 나눌 때도 말을 함부로 하지 말고 정확하고 품위 있고 겸손한 화술을 익혀야 한다.

훌륭한 연설가들이 쓴 책과 고전을 찾아서 자주 읽어보는 부단한 노력이 필요하다. 내가 똑같은 내용의 글을 쓴다면 어떤 것을 보완해야 할까 생각하고 세련된 문장으로 작성해 보는 것이 좋다. 이야기를 할 때는 미리 어떻게 말해야 좋을지 생각하고 적어보는 습관을 가져라. 일상 대화를 나눌 때도 자기만의 독특한 스타일이 있으면 좋고 발음을 분명하게 하고 정확하게 말해라.

대화가 끝난 뒤에도 말 했던 내용을 생각해 보고 좀 더 좋은 화술은 없었을까 되돌아보는 습관을 길러라.

상대방을 사로잡으려면 우선 그 사람을 과대평가하지 말아야 한다. 연설을 할 때도 마찬가지며, 청중을 압도하려면 청중을 과대평가하지 않는 것이 좋으며 자신감이 생긴다. 말을 잘 하는 연설자는 솜씨 좋은 기술자와 비슷하다. 연설자는 청중의 기호를, 기술자는 고객의 기호를 맞추는 것이다. 일단 방법을 터득하면 다음부턴 기계적으로 대처해 나갈 수 있다. 청중을 만족시키고 싶다면 청중이 원하고 기뻐하는 방법을 활용하면 된다. 청중이 연설자를 따라와 주길 바라지 마라. 청중을 있는 그 자체로만 받아들여야 한다. 그들은 자기 느낌에 드는 것만 좋아하고, 마음에 드는 것만 인정한다. 그리고 청중은 자신의 입맛에 맞는 것만 선택하기 때문이다.

대중연설의 기술

강연을 잘하려면 당신의 사고방식을 질서정연하게 배열하도록 해야 한다. 암기식이나 즉흥적인 연설은 금물이다. 분명하게 준비하고 결론을 명심해 두어라. 훌륭한 연설은 당신을 오래도록 기억하게 만들 것이며 당신을 높게 평가해 줄 것이다. 무엇보다도 자연스럽게 말할 수 있어야 한다. 긴장하지 말고 단조로움을 피하라. 겁내지 않고 말하는 방법은 한 사람씩 눈을 쳐다보면서 오직 그에게만 말하고 있다고 생각하고 강연을 진행시키는 것이다. 요점을 중심으로 간단히 이야기하도록 하라. 그러나 결론만은 야무지게 해야 한다. 긴장하게 되면 강연 내용이 산만해질 우려가 있으니 마음 놓고 이야기할 수 있어야 한다.

청중의 지식과 경험을 중심으로 진행시키되, 당신의 수준에 맞는 문장으로 해야 할 것이다. 알기 쉬운 말을 알기 쉽게 말할 수 있는 연설이 진정한 강연자의 실력이다.

당신도 일어나서 청중을 향해서 연설을 할 수 있다. 누구나 겁이
나고 긴장이 된다. 그것을 누르고 연설을 시작하는 것이 연설자
의 길인 것이다. 행동하지 않는 자들만 실패하게 된다. 행동하지
도 않고 당신이 유능한 강사가 될 수 없을 것이라고 포기한다면
당신은 당신의 사상과 감정을 연설할 모든 기회를 상실하고 만다.
낮은 음성으로 천천히 말하라. 불을 붙이듯 서서히 음성을 고조
시켜라. 침착하게 핵심을 말하라. 그리고 결론을 내리고 돌아와
앉아라. 박수를 받을 것이다.

여성 리더가 늘어야 기업이 발전 한다

여성도 리더의 자질을 갖춰 기업에서 성공하는 사람이 늘고 있다. 여성이 대통령으로 당선되었기 때문만이 아니라 90년대 이후 급속도로 여성들이 남성들의 독무대였던 변호사, ROTC 및 사관생도, 경찰간부 등 그 외의 모든 직장에서 두각을 나타내는 여성 리더가 늘어나고 있는 실정이다. 어떤 단체의 리더, 그것도 존경과 사랑을 받는 리더가 되기 위해서는 그 나름대로의 특성을 지녀야 한다.

첫 번째가 학자와 다름없는 탐구심이다.

아이들도 호기심이 많은 아이들이 창의력도 발달하고 공부도 잘한다. 연구하는 삶은 즐겁고 행복하다고 생각하라. 직장에서는 상품에 대한 지식뿐만이 아니라, 일반적 상식이 풍부해야 고객과 접촉할 때 유리하며 직장에서도 인정받으면서 승승장구 할 수 있는 것이다.

두 번째는 자신감이 있는 여성이다.

여성이지만 건방질 정도의 자부심을 가져야 한다. 사람이란 이상하게도 자기 스스로를 사랑하고 존중할 때 다른 사람에게도 대접을 받는다. 내가 나를 비하시키면 아무두 내 인격을 존중해 주지 않는다. 일하는 여성들은 모두 사랑스럽고 아름답다. 현대사회는 밥만 먹고 사는 시대가 아니며 결혼을 한다면 좋은 집도 있어야 하고, 교육비와 생활비, 문화생활비 등을 합한다면 둘이 벌어야 성공하는 시대이다.

세 번째는 자신의 인품을 PR하라.

내가 말을 하지 않으면 나를 알기 어렵고 내 능력을 인정받기까지 시간이 많이 걸린다. 업종에 따라 사람을 다루는 데는 능숙한 남성리더 보다 세련되고 차분한 여성리더가 효과적일 때가 많다. 리더는 희생정신이 있어야 하고 자신의 에너지를 효과적으로 활용할 줄 알면 된다. 훌륭한 여성리더는 한 가지 일을 완벽하게 하고 있는 동안에도 다음에 할 일을 생각하는 사람이다.

여종업원의 에티켓

"손님 전화 왔습니다."

지방 출장 때의 일이다. 어느 날 매우 중요한 손님들과 만나 D호텔식당에서 식사하며 업무 얘기를 나누었다. 일도 생각대로 잘 해결되었고 식당 여종업원도 너무 친절해서 기분이 좋았다.

식사가 끝나고 신용카드로 계산을 하려고 했다. 그런데 내 신용카드를 가지고 갔던 그 여종업원이 다가오더니 "손님 전화가 왔습니다."라고 말하는 것이었다.

내가 그 식당에 있다는 것을 아는 사람이 없었기 때문에 조금 의아했다. 그녀를 따라 식당의 한 모퉁이를 돌아 관련 사무실로 갔다. 잠시 후 여종업원은 "사실은 손님께서 준 카드를 결제하려고 여러 차례 시도했지만 카드 발급은행의 문제인지 손님계좌의 문제인지 카드 사용승인이 나오지 않았습니다."라고 말했다. 그러나 내가 중요한 분들과 중요한 얘기를 나누고 있는 것 같아서 카드 얘기를 하지 않았다는 것이었다.

160

"업무 보시는 자리에서 카드에 문제가 있다고 말하면 손님에게
좋지 못한 인상을 줄 수 있을 것 같아 전화가 왔다고 말했습니다.
" 다행히 가지고 있던 다른 카드로 결제하고 그 여종업원에게
몇 번이고 고마움을 표시한 뒤 자리를 떴다. 업무는 너무나 잘 처
리됐고 손님에게 세심하게 배려하던 그 여종업원 덕에 하루종일
기분이 좋았다.

지금도 그 D호텔을 보면 당시의 여종업원이 생각나고 기분이 좋
아진다. 가능하면 앞으로도 그곳에서 손님을 만나고 식사도 하고
싶다.

유능한 리더의 칭찬과 질책의 기술을 배워라

유능한 리더는 기업의 보물이며 기업의 성패를 좌우하기도 한다. 최근 한국경제가 위기에 놓여 곤두박질할 때 직원을 키워서 인재로 만들어낼 수 있는 능력이 리더의 덕목으로 강조되고 있는 현대사회에서는 리더의 업무능력도 필요하지만, 직원이나 후임자를 키우지 못한다면 그 조직이 지속적으로 존재하며 발전하기란 불가능하다고 본다.

기업을 키우는 리더의 기술을 살펴보면, 칭찬은 능력을 발휘하게 하고 서로를 가깝게 만든다. 칭찬은 직원들의 긴장을 풀어주고 서먹서먹한 관계를 한층 부드럽게 만들어 주며, 직원과의 접촉이 표면적이며 서먹서먹하게만 느껴진다면, 사적인 얘기도 나누며 좀 더 친숙한 관계를 만들어야 한다.

자기 자신의 잘못을 인정하고 심리적으로 위축되어 있는 직원에게 실수를 질책하게 되면 오히려 역효과가 나타나는 경우도 있다. 그런 사람에게는 오히려 위로와 격려가 필요한 것이다. 반면에

일을 잘했다고 칭찬했을 때 전부 자기가 잘해서 해낸 것처럼 생
각하는 사람에게는 주의를 줄 필요가 있다. 칭찬할 일은 분명하
게 칭찬하고 주의를 줄 일은 분명하게 주의를 주어야 기강이 올
바르게 확립될 수 있는 것이다.

칭찬받을 만한 일을 했는데도 리더로부터 아무 반응이 없다면 직
원은 열심히 일을 할 수가 없다. 그때그때마다 반응을 확실하게
보여주면 직장 분위기도 좋아지는 것이니 칭찬과 주의를 균형 있
게 하는 것이 중요하다.

칭찬할 때에는 큰소리로 하고 박수를 쳐라.

처음 새로 들어온 직원에 대해 반드시 알아야 할 것은 그 사람이
어떤 장점을 가지고 있는가를 알 수 있도록 노력하고 파악해야
한다.

그러기 위해 리더는 우선 직원들을 주의 깊게 관찰해야 하며, 장
점을 발견하면 반드시 그것을 칭찬해 주어야 한다. 어떤 칭찬이
든 상관없으며 "글씨를 잘 쓰는군, 어디서 배웠지, 컴퓨터 다루
는 솜씨가 빠르군", 이런 식으로라도 칭찬을 하면 좋다.

단, 유의할 점은 반드시 소리를 내어 구체적으로 칭찬해야 한다
는 점이다. 직원들은 리더를 처음 대하면 긴장하게 된다. 이럴 때
칭찬을 해주면 그 한마디만으로도 마음이 놓이며 큰 힘이 된다.
이것은 대수롭지 않아 보이지만 효과는 엄청 크게 나타난다.

인간에게는 누구나 장점과 단점이 있다. 장점이 없는 사람이나
단점이 없는 사람은 없다. 따라서 어떤 사람을 처음 대할 때는 그

사람의 장점을 빨리 찾아내는 것이 중요하며, 상대의 단점만 찾아내는 리더의 밑에선 능력을 발휘할 수 없으며 발전도 없다.

질책이나 비판은 짧고 간단하게 하라.

같이 일하는 직원들이 잔소리라고 생각하면 비판이나 질책의 말이 효과를 잃어버린 상태가 된다.

좀 더 효과를 얻기 위한 비판이나 질책은 단 한번으로 간단하게 해야 한다. 또한 질책이나 비판의 방법에서 예전의 일을 들추어 내거나 보태어 얘기하고 확대하거나 발전시켜 얘기가 길어져서 상대가 곤욕을 치르도록 만들면 안 된다.

직원의 말을 충분히 듣고 비판이나 질책하는 리더의 경우는 직원을 인정하고 있으며 꾸중을 듣는 입장에서도 비판이나 질책에 대해 수긍할 확률이 높아진다.

결점은 자기 자신의 눈에는 쉽사리 보이지 않는다. 그러므로 리더가 자기의 결점을 지적하게 되면 한편으로는 불쾌하고 모욕감을 느끼면서 어쩔 수 없이 약해지기 마련이다.

비판이나 질책이란 잔소리가 아니고 명료하게 충고하여 책임에 대해 한계를 확인시키고자 하는데 목적이 있는 것이다.

직원의 상처를 건드리는 자극적인 얘기를 계속하여 감정을 손상시키면 비판이나 질책하기 전의 상태보다 오히려 더욱 나쁜 결과가 유발될 수도 있다. 단 한 번으로 개선할 수 있도록 비판이나 질책의 언어를 줄이는 노력이 가장 좋은 효과를 얻을 수 있다.

질책이나 비판은 짧게 하고 끝낼 땐 위로로 마무리하라.

친근감이 없는 질책이나 비판은 꾸중으로 생각한다. 비판이나 질책은 항상 직원에게 감정을 상하게 만들며, 잘못하면 적대감을 불러 일으켜 개인적으로 좋지 않은 감정을 품게 할 우려가 있다. 비록 존경했던 리더에게서 비판이나 질책을 받을지라도 기분이 상하는 것은 정도의 차이는 있으나 마찬가지기 때문이다.

질책이나 비판은 조용한 분위기에서 부드럽게 진행하는 것이 좋다. 공개적으로 직원의 결점을 지적하거나 제 3자에게 들으라는 식으로 확대시키면 모욕감을 느끼게 되어 질책이나 비판의 효과가 없다.

비판이나 질책이란 직원이 순수하게 받아들일 수 있도록 둘만의 자리를 만들어 리더가 조용히 간단하게 전달하는 것이 효과가 크다. 질책이나 비판이 의욕상실을 불러오게 된다면 이것은 리더의 책임이 크다고 할 수 있다.

비판이나 질책의 의도란 좀 더 좋은 결과를 바라는데 있으므로 비판이나 질책이 의욕상실로 비약되면 결국 질책은 질책으로 끝나고, 비판은 비판으로 끝나고 만다. 직원의 마음속에 "비판이나 질책이 아닌 위로를 받았다."는 느낌을 받게 해야 한다. 질책이나 비판의 끝말은 꼭 위로로 끝내야 하는 것을 잊지 말아야 한다. 유종의 미는 질책이나 비판의 작전에서도 가장 중요한 것이다.

리더는 우월감이 상하지 않도록 질책하고 명확한 방안을 제시하라

인간은 누구나 자기 잘난 멋에 산다. 따라서 충고와 질책은 누구라도 기분 좋게 받아들이는 사람이 없다. 충고를 하는 입장에 놓이게 되면 아무튼 상대보다는 이쪽이 우월한 입장에 놓여있다는 증거인데 이런 경우에 처세가 중요하다.

아무리 건전하고 진지한 충고라도 상대방의 자존심을 건드리거나 상처를 자극하면 역효과를 수반하게 된다. 막연한 타당성에 기준을 두고 부하를 질책하는 것은 무모한 방법인 것이다. 보다 확실한 근거에 의해 기준을 설정하고 그 설정된 방법에 미흡할 경우 질책을 해야 한다. 그리고 질책을 할 경우라면 설정된 기준을 명확히 제시하여 개선할 목표를 갖게 해주는 것이 리더의 배려인 것이다.

불만이 많은 대다수 직원들의 고충은 리더가 꾸지람을 하거나 문책을 할 때 무턱대고 자기감정에 빠져 있으며 그 문책의 기준도 자기 나름의 것이라서 꾸중을 듣는 입장에서는 개선하고자 하는 마음보다 또 잔소리를 하는구나! 하고 느낄 뿐이다. 그리고 앞으로 어떻게 해달라고 하는 이야기마저도 삽입시키지 않고 문책을 받을 경우에는 막연하게 그저 기분만 상할 뿐이다.

조직의 목표를 확실히 염두에 두고 개선을 당부하는 리더의 요구에 응하지 않을 사람은 없다. 진정으로 유능한 리더는 먼저 목표를 정해놓고 그 목표를 달성하기 위한 계획을 조직원에게 전달하고 지시할 수 있는 능력을 리더가 먼저 갖추어야 한다.

리더의 칭찬과 질책이
조직구성원의 성패를 좌우 한다

조직사회에서 리더의 능력이 회사의 운명을 좌우 하는데 리더만 잘하면 되는 것이 아니고 조직원들의 능력을 키워야 발전할 수 있으며 이 때 조직에서 꼭 필요한 것이 리더의 칭찬과 질책의 기술이다. 칭찬이란 고래를 춤추게도 하고, 코끼리도 재주를 부리게 만든다. 동물의 사육과정에서 보면 동물을 훈련시키는데 있어서 절대적인 것이 적당한 칭찬과 보상이다. 우리가 흔히 보는 돌고래 수중쇼나 원숭이 학당들의 쇼는 끊임없는 훈련의 반복과정에서 생겨난 기술이다. 사람들은 누구나 자신을 칭찬하는 사람에게 호감을 보이고 자신을 질책하는 사람을 싫어하는 경향이 있다. 흔히 조직 구성원을 이끄는데 있어서 절대적으로 필요한 것이 채찍과 당근이라고 한다. 조직 구성원을 격려하고 유도하기 위한 채찍, 당근이 정형화된 보상체계라고 한다면 칭찬과 질책은 비정형적이고 일상적 보상체계라고 할 수 있을 것이다. 일상생활에 있어서 가급적 조직 구성원을 많이 칭찬하면 조직의 분위기가 부드러워 지지만 조직에선 칭찬만 할 수

있는 것도 아니고 잘못 시행하는 일은 질책을 하지 않을 수 없는 것
이 조직사회이다.

공자는 논어에서 조직사회에서 자신의 뚜렷한 주관 없이 주위 사람
들과 단합하여 그들을 칭찬하고 아첨하는 사람은 덕을 해치는 사람
이고 이러한 사람이 조직내부에 많으면 결국 조직은 무너진다고 하
였다. 조직 구성원을 고무시키는 칭찬이 조직의 해이라는 부작용을
불러오듯 조직구성원의 반감을 일으키는 리더의 질책은 분발할 수
있는 긍정적 효과를 가져 올 수 있는 힘이 되어야 하는데 이것이 리
더의 능력이며 자질이다.

리더의 질책은 제대로 하지 못한 것이 아니라 알지 못하는 능력을
찾아내어 보다 더 잘하기를 바라는 마음으로 질책한다면 분명 긍정적
인 효과로 나타날 것이다. 특히 능력이 그것 밖에 안 되냐, 어째 과장
이 대리보다 못 하냐, 넌 왜 늘 그 모양이냐, 학교에서 도대체 무얼
배웠냐는 등의 말은 잘못된 것을 지적하는 것이 아니라 상대방의 인격
이나 능력을 무시하는 질책이므로 절대로 하지 말아야 할 언어이다.

좋은 인간관계를 유지하라

좋은 인간관계를 유지하기 위해서는 어떻게 행동하는 것이 좋을까? 말을 유창하게 잘 하는 것은 좋지만 자기 혼자 정신없이 떠들어대는 것은 좋은 행동이 아니다. 만약 오랫동안 말을 해야 할 상황이라면 듣는 사람이 지루하지 않게 가능하면 재미있게 말하려고 노력해야 한다. 대화란 함께 하는 것이므로 상대방과의 대화를 내가 혼자 독점해서는 안 된다.

더구나 각각 제 몫을 다할 능력이 충분한 사람들과 얘기를 나눌 때는 할 말만 정확하게 하는 것이 효과적이다. 어떤 모임이든 늘 혼자 말을 많이 하는 사람이 한명씩은 꼭 있다. 대개의 경우 그런 사람은 그 자리에서 가장 말수가 적은 사람이나 별 볼일 없이 앉아있는 한 사람을 붙잡고 속삭이듯 작은 소리로 끊임없이 말을 이어간다.

이런 행동은 예의에 어긋난 행동으로 자신한테도 전혀 도움이 안 된다. 대화는 상호 간의 의사소통이기 때문이다. 그러나 혼자 말을 많이 하는 사람이 함부로 말을 끊을 수도 없는 사람이라면 끝까지 참아야 한다. 상대의 말에 관심이 있는 듯 행동하며 꾹 참고 견디는 것이 오히려 좋다.

대부분 이런 사람은 거부감을 나타내면 싫어하며 그런 사람들은 자기가 하는 말을 상대방이 열심히 귀담아 들을 때 가장 큰 기쁨을 느끼며 반대로 한창 신나게 얘기하는데 자기 말에 집중하지 않거나 아주 참기 힘든 표정을 지으면 가장 큰 모욕을 느끼기 때문이다.

좋은 인간관계를 위해서는 가능하다면 공통의 관심사나 서로에게 도움이 될 만한 것을 화제로 놓고 얘기하는 것이 좋다. 개성도 다르고 취미도 다른 다양한 사람들이 모였을 때는 조금 가볍고 유머 있는 얘기가 좋으며, 내용은 빈약하더라도 서로 즐거워하는 모습이 좋기 때문이다.

어떤 모임에서든 자신을 잘 적응시킬 수 있는 노력이 필요하다. 많은 사람이 모인 자리에서는 모임의 성격에 맞춰 진지해지기도 하고, 쾌활하게 웃기도 하며 때론 농담을 섞어 가며 분위기를 화기애애하게 만드는 것이 좋다. 사람들은 대화를 통해 상대방의 성격을 파악하는 경우가 많다.

대화는 한 사람의 장점을 자연스럽게 드러나게 만들기도 한다. 누구에게나 말할 기회는 돌아오지만 자기 자랑을 하지 못해 안달하지 마라. 만약에 자신 있게 이끌어 갈 얘기가 없다면 애써 입을 먼저 열지 말고 조용히 다른 사람들의 이야기를 들어보는 것이 더 좋을 때도 있다.

가능한 한 상대방과 대립을 일으킬 만한 얘기는 피해야 한다. 그렇지 않으면 서로 의견이 맞지 않아 거친 말이 오갈 수도 있기 때문이다. 토론의 열기가 너무 뜨겁다 못해 이성적인 대화의 범위를 넘어설 조짐이 보인다면 얼른 일단락 짓거나 말머리를 다른 곳으로 돌리는 것이 현명한 방법이다.

어떤 모임에서든 자신을 잘 적응시킬 수 있는 노력이 필요하다.

좋은 인간관계를 위한 10가지 행동

1) 상대방을 사랑하는 마음으로 칭찬을 하되 진심이어야 한다. 진심이 담긴 칭찬과 격려는 사람의 마음을 움직일 수 있다. 칭찬하는 사람은 누구나 사귀고 싶어 하고 칭찬을 듣는 사람은 용기와 자신감을 얻게 된다. 칭찬은 사람을 기쁘게 하고 행복하게 해주는 말로서 가장 중요한 조건이다.

2) 남의 말에 항상 귀를 기울여 들어줘야 한다. 내 말을 잘 들어 주길 원한다면 먼저 상대방의 말에 귀 기울이고 말이 끝날 때까지 들어주고 표정관리도 잘해야 한다.

3) 나와 다른 생각의 상대방 의견도 존중해야 한다. 나와는 전혀 다른 의견일지라도 상대방의 의견을 부시하거나 논박하지 말라. 끝까지 상대방의 의견을 귀담아 들어야 논박도 할 수 있고 이후에 토론을 하더라도 감정이 개입되어서는 안 된다.

4) 상대방을 의심하지 않는다. 뻔 한 거짓말이라도 상대방이 아니라고 하면 그냥 수용한다. 굳이 상대방을 의심하지 않아도 언젠가

173

는 밝혀질 것이기 때문이다. 의심이란 좋은 인간관계를 망치는 훼방꾼이다.

5) 나의 잘못을 먼저 인정하라. 상대방의 잘못을 따지기보다 나의 잘못부터 살펴야 한다. 그렇게 하면 상대방이 따질 일이 없어진다.

6) 부드럽게 도움을 청해본다. 딱딱한 명령조의 말은 아무리 가까운 사이라도 기분이 상할 수 있다. 상대방을 존중하는 마음으로 부드럽게 도움을 청하면 거절하기도 힘들다.

7) 상대방의 존재를 인정해준다. 상대방의 존재를 인정해주면 그는 자부심을 갖게 된다. 자신이 인정받았다고 생각하면 상대방 역시 나에게 도움이 되고자 노력할 것이다.

8) 상대방의 말에 맞장구를 쳐준다. 상대방이 하는 이야기에 맞장구를 쳐주면 누구나 마음을 연다. 상대방은 말하면서 내가 어떤 반응을 보일지 살피고 있는 것이다. 그의 말에 귀 기울이고 있음을 표현해야 한다.

9) 상대방의 생각에 공감대를 형성해야 가까워질 수 있다. 상대방의 말과 생각에 공감하지 못하면 진지한 대화가 어렵다. 상대방이 정말 하고자 하는 말이 무엇인지 숨은 뜻을 파악하고 공감대를 형성하는 것이 중요하다.

10) 상대방에게 끝까지 말할 수 있는 기회를 주어라. 누구나 자기가 말을 하는 중간에 말을 자르고 들어오면 기분이 안 좋고 이것은 내 의견과 내 존재 가치를 존중받지 못하고 있다는 생각에 기분이 몹시 상하게 된다. 남의 말을 자르고 끼어드는 것은 무례한 행동이며 매우 경솔한 짓이다.

성공한 리더의 화술을 분석하라

성공한 사람은 무엇이 다른 것일까? 분석해보니 역시 말을 잘하는 것 밖에 별다른 것은 느끼지 못했다. 그러나 그것은 말을 잘하는 것처럼 보일 뿐 말을 잘하기 위해 특별히 마련된 기술은 없었다. 사회생활에서 중요한 것은 자기생각을 정확히 상대방이 이해할 수 있도록 전달하기만 하면 된다. 그러나 이것은 말처럼 쉽지 않아서 생각을 제대로 이야기하고 싶어도 막상 상대방과 마주하고 있으면 좀처럼 말이 잘 나오지 않는 법이다. 말을 잘하기 위해선 다음과 같은 세 가지 요소를 지키는 것이 중요하다.

첫째로 중요한 것은 남의 말을 잘 듣는 것이다.

두 번째로 중요한 것은 상대방의 입장에 서서 분명히 말하는 것이고 세 번째는 제스처를 사용하는 것이다. 왜 그런가 자세히 설명한다면

1) 남의 말을 잘 들어라.

한번 입을 열었다 하면 청산유수로 막힘없이 말하는 사람이 있는가 하면 더듬거리며 어렵게 말하는 사람도 있다. 논리 정연하게

자기의 생각을 거침없이 말하는 사람이 있는가하면 말을 두서없이 하는 사람도 있다. 흔히 전자를 "말 잘하는 사람"이라 하고 후자를 "말 못하는 사람"이라고 한다.

그런데 재미있는 것은 전자보다 후자에 속하는 사람 중에 매력 있는 사람이 많다는 것이다. 화술이 유창하지 못함에도 불구하고 사람이 따르고, 많은 사람들의 호의와 신망을 얻는 것이다. 그 이유는 무엇일까?

결론부터 말하자면 인격의 작용이라고 할 수 있다. 궁극적으로 진실을 하는 눌변(訥辯)이 거짓을 말하는 능변(能辯)보다 설득력이 강하고 신뢰도를 높이게 되는 것이다.

말이 많으면 실수가 따르기 마련이다. 자기가 한 말에 책임을 지지 못할 때 신용을 잃게 된다. 한번 신용을 잃으면 그가 아무리 말을 조리 있게 잘한다 하더라도 상대방이 믿어주지 않는다. 사람을 설득하지 못하는 말은 아무런 의미가 없다.

사람들은 누구나 말하기를 좋아한다. 이 말을 달리하면 사람들은 자기의 말을 들어주는 사람을 좋아한다는 말이 된다. 사실 사람들은 말 많은 사람을 좋아하지 않는다. 자기의 말을 열심히 들어주는 사람을 좋아하는 것이다. 기억하라. 상대방이 하는 이야기를 듣고 있을 때가 상대방에게 가장 좋은 인상을 주는 때라는 것을.따라서 사람들에게 호감을 줄 수 있는 방법은 간단하다. 다른 사람의 말을 보다 열심히 들어주는 것이다.

말을 잘하는 첫째 조건은 다른 사람의 말을 잘 듣는 것이라는 점에 이론의 여지는 없다. 그리고 효과를 증대시키기 위해서는 들는 방법이 좋아야 한다. 남의 말을 잘 듣는다는 일은 결코 말처럼 쉬운 일이 아니다. 노력과 인내가 절대 필요하다.

상대방이 하는 말에 당신은 조금도 흥미를 느끼지 못할 때가 있다. 또한 그 말이 당신의 견해와 상반된 경우도 있고, 당신이 더 잘 알고 있을 수도 있다. 이럴 경우 당신은 묵묵히 상대방의 말을 듣고 있어야 하는 것이 지겹고 괴로울 것이다.

표정은 죄악의 밀고자라는 말이 있다. 상대방의 말을 듣는 것에 흥미가 없으면 당신의 표정은 '흥미 없음'을 그대로 드러낸다. 경박하거나 조급한 사람은 즉석에서 상대방의 말허리를 자르고 자신의 생각을 피력하기도 한다.

"당신 말은 틀렸소, 사람이 잘 알고서 말해야지….."

"그런 얘기라면 나도 알고 있어."

"또 그 얘기야."

이렇게 상대방의 말을 묵살해 버리면 대화는 여지없이 단절되어 버린다. 사람은 나름대로의 자존심이 있는 것이다. 그 자존심은 자기의 말을 묵살당함으로 인하여 크게 손상된다. 상대방의 자존심을 상하게 해놓고서 당신이 아무리 훌륭한 말을 해도 소용이 없다. 이때는 플라톤이나 칸트의 논리보다 더 훌륭한 말로 설득을 해도 상대방을 설득할 수 없다.

상처를 입은 것은 논리가 아니라 감정이기 때문이다. 말을 잘하는 사람은 듣기도 잘한다. 자신이 이미 알고 있는 이야기를 할지라도, 비록 그 이야기가 자신에게 흥미가 없다고 할지라도 열심히 들어주는 것이다. 그런 태도가 상대방에게 이야기가 통하는 사람이라는 느낌을 주게 되고, 자기의 말을 성의 있게 들어주었기 때문에 상대방의 말도 들어줄 마음을 갖게 만든다.

잘 듣는 사람이 되려면 먼저 마음을 열어놓고 진지한 흥미를 가져야 한다. 상대방의 말에서 내가 꼭 배워야 할 점이 있다고 생각하는 것이다. 이런 마음가짐으로 상대와 대화한다면 상대방의 말을 소홀히 듣지 않게 되고, 또 내가 미처 알지 못했던 소중한 지혜를 얻게 되는 경우가 많다. 비록 관심 밖의 이야기라 하더라도 진지한 흥미를 갖고 귀를 기울이는 것이 여러모로 유익하다.

상대방의 말을 들을 때는 당신의 표정과 태도가 몹시 중요하다. 이야기를 하고 있는 사람에 대한 최고의 찬사는 한마디도 빠뜨리지 않고 듣고 있다는 것을 표정이나 태도, 맞장구로 알려야 한다. 이야기하고 있는 사람은 보지 않고 엉뚱하게 창밖을 본다거나 시계를 자주 보는 행동을 하면 상대방은 당신을 무성의한 사람이라고 생각할 것이다.

들을 때는 귀와 눈과 몸으로 들어야 효과적이다. 눈에 흥미를 담고 몸을 약간 앞으로 숙여라. 이것은 흥미를 나타내고 있다는 것을 전하는 가장 효과적인 방법이다.

2) 상대방의 입장에 서서 분명히 말하라.

남의 말은 끝까지 들어라. 상대방이 지쳐서 말문을 닫을 때까지. 설령 상대방의 말이 자기의 견해와 틀린 점이 있더라도 끝까지 들어보고 이야기의 핵심을 파악하는 것이 중요하다. 상대방의 말을 묵살하거나 도중에 말허리를 끊는 것은 경박한 사람이 흔히 쓰는 수법이다. 그들은 상대방보다 자기가 우월하다는 것을 자랑하기 위하여 말을 가로챈다. 그야말로 무례하기 짝이 없는 행동이며, 전쟁에서의 선전포고나 다름없다.

상대에게 반항심을 일으켜 전투준비를 시키고 있는 것이다. 어떤 경우라도 상대방의 자존심에 상처를 주어서는 안 된다. 무심코 내뱉은 당신의 한마디가 상대방으로 하여금 칼을 품게 할 수도 있다는 것을 명심하라.

"듣고 보니 그 말도 일리가 있군요. 나는 이렇게 생각했는데……."

상대방의 말을 무시하지 않고도 자기의 견해를 피력할 방법은 얼마든지 있다. 그것이 아무리 유치하더라도 상대방의 의견을 일단 존중해 주는 것이다. 돌멩이를 다이아몬드라고 생각하고 기뻐하고 있는 인간이 있다면 그 기쁨을 인정해주는 것이 부정하는 것보다 훨씬 좋다.

효과적인 인간관계의 비결은 가르치지 않는 것처럼 하며 상대를 가르치는 데 있다. 그러기 위해서는 먼저 잘 들을 필요가 있다. 상대방 이야기의 핵심을 파악하고 나면 당신이 해야 할 말이 명확하게 정리되는 것이다.

그 생각을 우물거리지 말고 알아듣기 쉬운 말로 분명히 말해야 한다. 이때도 내 생각이 옳고 당신 생각이 그르다고 강변하지 말고 나의 견해는 이렇다고 겸손하게 말해야 한다. 거듭 말하지만 유는 유를 부르는 법이다.

겸손은 겸손을 부르고, 무례는 무례를 부른다. 당신이 부드럽게 말하면 상대방도 부드럽게 응답하고, 내가 상대의 입장을 생각해서 말하면 상대방도 당신의 입장을 헤아려서 말해 주는 것이다. 대화가 결렬되고 인간관계가 나빠지는 것은 나만 내세우기 때문이다. 나의 견해가 있는 것처럼 상대방의 견해도 분명히 있다. 나의 견해가 소중한 것이라면 상대방의 견해도 똑같이 소중한 것이다. 따라서 당신과 견해를 달리하는 사람의 입장이 되어서 신중히 그 문제에 접근해 보라. 그러면 절대로 인간관계가 불편해지는 일은 없다.

3) 제스처를 활용하라.

이야기를 할 때에 사용하는 제스처를 꼽아보면 수를 헤아릴 수 없으리만큼 많다. 제스처는 말하는 사람의 감정을 전한 손짓이나 몸짓, 표정 등이 말의 효과를 더해 주는 것이다.

제스처는 말하는 사람이나 듣는 사람 모두에게 필요하다. 웃는 모습이나 놀라는 표정, 맞장구, 감탄사 등은 훌륭한 제스처이다. 화술이 뛰어난 사람들은 대체로 제스처가 풍부하다. 그들은 남의 말을 들을 때도 표정과 음성을 아주 기술적으로 활용한다. 그런 점에서 볼 때 가장 좋은 표본이 텔레비전이나 라디오에 등장하는 사회자이다. 유심히 보면 그들의 화술은 별게 아니다. 그런데도 화술의 명수처럼 보이는 것은 상대방의 말을 끄집어내는 능력이 탁월하기 때문이다.

대체로 그들은 맞장구를 잘 친다. '저런' 하면서 진지한 표정으로 놀라기도 하고, '그렇군요' 하면서 고개를 끄덕이기도 한다.

실컷 들은 이야기에 대해서도 지금 듣는 것 같은 표정으로 '과연' 하고 감탄사를 토해낸다. 그러면 이야기하는 쪽에서는 자연히 열을 올리게 되는 것이다.

사람은 부추켜 주면 자기도 모르게 자기 자신을 잃어버리는 경향이 있다. '아하, 재미있군요.' 하고 추임새를 넣으면 상대방은 자신도 모르게 내가 말을 멋지게 잘하고 있는 모양이라고 착각해 버리는 것이다. 인간에게는 누구나 그런 나르시시즘이 어느 정도는 있다.

말을 잘하는 것은 상대를 설득하여 호의를 얻어내는 것이다. 말에 조리가 없더라도 상대방의 호의를 얻어낼 수가 있다면 그것이야말로 최고로 유창한 화술이라 할 수 있다. 다시 말해서 사람을 설득시키지 못하는 열변이나 장광설은 잘하는 말이 아니다. 어디까지나 말이 서툴더라도 상대방을 설득할 수 있는 화술이 뛰어난 화술인 것이다.

성공하는 관리자와 경영자의 연설

"훌륭하고 즉흥적인 연설을 하기 위해서는
보통 3주 이상의 준비가 필요하다."

연설을 잘하는 것은 타고나는 것이 아니라 노력과 준비를 어떻게 하느냐에 달려 있다. 관리자와 경영자가 되면 전 직원 앞에서 연설할 기회가 자주 있으며 또 다른 많은 사람 앞에서도 연설할 기회가 있다.

항상 귀 기울이고 들어야 한다. 만일 당신도 성공적인 리더라면 연설할 기회가 많이 있기 때문이다. 나는 20여 년 간 영업직에 근무하며 많은 강의도 들어왔고 많은 강의도 해야만 했으며 만약의 경우를 생각해 항상 기록장을 만들어 왔다.

이 기록장은 내가 중요하게 여기는 생각들, 믿음들, 느낌과 인상, 철학 그리고 내가 전망하는 미래의 경향과 읽었던 자료에서 기억하고 싶은 주요 내용이 담겨있다. 또한 나의 기록장에는 내가 연설할 기회가 있으면 다른 사람들에게 들려주고 싶은 내용과 뜻이 담겨 있다. 대체로 세 종류의 연설로 나눌 수 있다.

1. 전문적, 직업적으로 강연을 하는 사람

   이들은 자신들의 강연 주제나 내용으로 살아보는 혜택을 받지 못한 사람이다. 이들은 흥미 있는 이야깃거리와 조작된 드라마로 강연을 유지 한다.

2. 전문적인 강사는 아니지만 자신의 체험담에 기초한 주제와 내용을 강연하는 사람

   이러한 강사들은 신뢰감과 강단에서의 품성으로 인해 듣는 사람에게 큰 감동을 준다. 이들이 강연을 하게 되는 주요동기는 자신의 개인적인 경험을 다른 사람들과 공유하기 위해서이다. 이들에게 주제와 내용에 열정이 있으며 이러한 열정이 그들의 강연에서 풍겨 나온다. 이들은 강연이 끝나고 강당을 떠날 때 이야기를 들은 사람들이 되새겨 볼 만한 내용을 남겨놓고 나간다.

3. 특정주제에 대해 전문적 지식이 있는 직업적으로 강연하는 사람

   이들은 특정주제에 대해 깊이를 더해주고 많은 가치를 남긴다. 많은 유명한 사업가들과 작가들이 이러한 부류에 속한다. 이런 사람에겐 공부하는 자세로 꼼꼼히 메모하는 것이 좋다. 나는 많은 강연을 들었고 많은 강사에게 실망도 했다.

   이러한 실망은 거의 대부분 신뢰감이 부족하고 자기가 말하는 주제나 내용에 대해서 직접적인 경험이 없는 강사에게서 더욱더 실망하는 것이다. 어떤 강사들은 무대감각과 화려한 말솜씨를 지니고 있으며 그것으로 먹고살기 때문에 가능한 많이 이야기하려고 한다.

이제 당신의 경우에 대해 이야기해 보자.

당신은 성공한 관리자이며 경영자이다.

사람들은 당신이 어떻게 관리하며 경영하는지를 알고자 당신에게 강연을 부탁할 것이다. 두려워할 필요는 전혀 없다.

연습과 준비로 당신은 소위 전문연설가보다도 더 훌륭한 강의를 할 수 있다. 나는 사려 깊고, 체계적으로 사고하고 항상 만반의 준비를 갖추고 있는 사업현장에서 우러나는 이야기라면 언제라도 귀를 기울일 준비가 되어 있다. 그리고 많은 사람들 또한 그런 강의를 기다릴 것이다.

■처음 강연을 준비하는 관리자나 경영자에게

① 강의자료는 연대기식으로 비교하는 방식으로 정리하라.

　　서로 비교할 수 있게 내용을 잘 정리하라.

② 준비 또 준비 그리고 확인하라.

　　거울 앞에 서서 연습해 보거나 비디오에 연설 장면을 담아 체크해 보는 것도 좋다.

③ 당신이 열정을 느낄 수 있는 주제에 대해서만 이야기하라.

　　당신 마음에 없는 말이라면 입 밖에 내어서는 안 된다. 당신이 열정을 드러낸다면 천연색으로 드러내는 것이 좋다. 만일 열정이 없다면 방청객석에 앉아 있는 것이 최선의 방법이다.

④ 강의 첫머리에 방청객을 끌어들일 수 있도록 하라. 강연의 첫 5분이 중요하므로 중점적이고 핵심을 찌를 수 있도록 준비하라.

⑤ 연습을 충분히 하여 원고를 보지 않고도 연설을 할 수 있도록 노

력 하라.

그 대신 주요 주제와 하나의 내용에서 다른 내용으로 넘어 갈 때 도움이 될 만한 단어들을 간단하게 메모해서 사용해야 강연순서가 뒤바뀌지 않는다.

⑥ 10분 정도로 강연의 속도를 조절하는 것이 좋다.

가벼운 내용을 삽입한다든가, 실제 경험담을 이야기한다든지 애서 무거운 주제에서 잠깐 한발자욱 물러서라.

이러한 전환(change up)을 통해 듣는 사람들의 주의를 모을 수 있으며 지루하지 않게 이끌어 나갈 수 있다.

⑦ 강사를 소개하는 사회자들이 간혹 너무 지나치게 강사를 과장소개하든가 거의 아무 내용도 없는 말을 하는 경우가 많이 있다. 주목할 것은 가장 훌륭한 경력과 지위를 지닌 강사들은 거의 가장 간략한 소개를 필요로 할 뿐이다.

⑧ 방청객들을 선동하지 마라.

선동은 듣는 사람들에게 동기를 부여하는 목적을 지닌 부흥회 연사들의 기법이다.

⑨ 자신의 솔직한 모습을 솔직하게 밝히는 것이 좋다.

듣는 사람들을 속이려고 하지 말라. 편안하게 생각할 필요가 있고 듣는 사람들이 참여할 수 있는 방법을 강구하라. 방청객들이 어떤 주제에 대해 손을 들어 자신들의 의견을 표출할 수 있도록 하든가 자리에서 잠시 일어서서 몸을 펼 수 있도록 하는 방법도 있다. 육체적 참여를 유도하라.

⑩ 몸을 움직여라.

탁자 뒤에 숨지 말라. 처음에는 탁자 없이는 불편하지만 몇 분마다 탁자 뒤에서 옆으로 나와 서서 이야기하는 것이 좋다. 그리고 가끔씩 손동작을 할 필요도 있다.

⑪ 시청각 매체를 조심스럽게 활용하라.

너무 많은 시청각 기구들은 혼란스럽고 오히려 시선을 빼앗는 경향이 있다.

시청각자료를 이용할 때 집회장 맨 뒤쪽의 사람도 잘 보이도록 신경을 써야 한다.

⑫ 강연을 시작하기 전에 청중들과 친숙해질 수 있는 시간을 가져라. 그러면 당신도 마음이 편안해질 것이고 강연을 하기 전에 청중들과 호흡도 맞게 된다.

⑬ 목소리의 톤을 가끔 바꾼다.

소리의 높이와 속도를 가끔씩 바꾸도록 하는 것이 좋다. 이러한 기법과 몸동작을 혼용하면 집중도 잘되고 효과도 좋다.

⑭ 청중의 시선접촉을 신중히 하라.

좌측, 우측, 가까운 곳, 먼 곳 등 집회장 전체에 분포된 사람들을 골고루 쳐다보아야 한다. 시선을 한 사람에게 최소 3초 정도 고정한 후에 다른 사람에게로 옮겨가는 것이 좋다.

⑮ 강단에 설 때 발 간격은 어깨 넓이 정도가 좋다.

발 간격이 좁으면 약해 보인다. 어깨는 펴고 허리는 곧게 세우고 널찍한 자세는 권위를 풍긴다.

⑯ 도발적인 질문은 효과적이다.

듣는 사람으로 하여금 생각할 수 있도록 하고 청중들의 직접적인 참여를 유도하기 위해 사용할 수도 있다. 청중들에게 기억에 남는 강의를 하는 효과도 있다.

⑰ 가끔은 짧고 간결한 문장을 사용할 필요도 있다.

이는 강조와 효과를 더하는 속도조절을 위해서도 좋기 때문이다.

⑱ 강조로 강연을 마쳐라.

중요한 주제를 요약 정리하고 청중들이 직접 어떤 행동을 하도록 요청하고 재미있는 실화나 인용문구 또는 유머를 활용해라. 당신 자신에게 힘을 동우는 말로 끝내면 듣는 사람도 똑같이 느낄 것이다.

⑲ 강연이 끝난 후에 다시 한번 생각하라.

이번 강의는 진정으로 훌륭한 강의였는가. 다음 강의를 위해 또 다른 준비가 필요할 것이다.

⑳ 당신의 하루 일과 중 일부분을 지식의 시초를 넓히는데 배당하도록 계획하라. 스스로에게 투자하라. 그러기 위해 독서는 많은 보상을 가져다 줄 뿐아니라 재미있고 이득이 되는 스승임을 늘 생각하라.

항상 귀 기울이고 들어야 한다. 만일 당신도 성공적인 리더라면 연설할 기회가 많이 있기 때문이다

Part5

건강하고 행복하게 장수하는 비결

인생이란 무엇인가?

살면서 주위 사람을 살펴보니 우리의 인생은 너무 짧고, 생명도 그리 길지 않다. 그렇기에 우리가 사는 동안 최대한 행복하고 즐거운 시간을 많이 만들어야 하는데 그러기 위해선 좋은 사람의 습관과 좋은 생각 자유롭고 만족하는 생활태도를 가져야 된다. 사람은 누구나 좋은 마음과 나쁜 마음을 생각할 때가 있고 좋은 생각과 나쁜 생각이 뇌 속에서 순간적으로 지시하는 데로 움직일 때가 있다.

나쁜 마음과 나쁜 생각은 거의 스트레스가 원인이다. 우린 이것을 해소시키는 방법이 있어야 하는데 스트레스라는 것이 정신적으로 뇌를 괴롭히고 있을 때는 이 잡초 같은 불필요한 것을 최대한 빨리 없애야 한다.

사실 모든 고민과 고통은 끝없는 욕심과 분노와 어리석음에서 발단하는 것이고 이것이 허황된 나를 만드는 것이다. 고민이 있을 땐 먼저 마음을 내려놓고 즐거웠던 일을 생각하고 평상심(平常心)을 가지면 자유롭고 여유로운 인생이 된다.

190

사람들에겐 원래 고민과 스트레스를 움직일 수 있는 자연적인 힘이 있지만 결국은 시간이 모든 것을 해결해 주는 약이 된다. 사람에 따라 뇌의 능력 차이는 있지만 스트레스는 죄악의 씨앗으로 마음의 밭에 뿌려져 싹이 트고 자라면서 고민이라는 열매를 맺어 사람들을 정신적으로 괴롭히고 있다.

모든 고민과 스트레스는 지나간 과거에 대한 후회와 아직 오지 않은 미래에 대한 불안감이 80% 이상을 차지하고, 지금 이 순간은 20%미만에 불과하니 근심걱정과 스트레스를 최대한 빨리 잊어야 하고 현실에 충실해야 한다. 이것이 인생이다.

인생을 성공적으로 산다는 것은 멀리 있어 불가능한 것은 아니다. 물론 쉬운 것도 아니다. 인간의 기본적인 노력도 없이 되는 것은 하나도 없기 때문이다. 만족하는 직업이란 없다 자기가 좋아하는 일을 직업으로 삼을 수 있으면 된다.

그 좋아하는 직업으로 밥을 먹고 보통 사람들처럼 살 수 있다면 절반을 성공한 셈이다. 돈 때문에, 남의 눈을 인식해서, 부모님의 기대를 저버릴 수 없어서 또는 사회의 평판 때문에 즐겁지 않은 일을 직업으로 선택한다면 처음부터 그 인생은 절반의 실패로 시작하는 것이다. 지금부터 자기가 하고 싶은 일을 하라. 인생이란 그렇게 길지도 짧지도 않으며 생각하기에 달려있으니 좋은 생각으로 좋은 사람이 되자.

친구야! 천하와 건강 중에
하나를 선택해야 한다면……

퇴직한 친구야……

천하를 잃어도 건강만 있다면 아무걱정 하지마소.

돈 보따리 짊어지고 요양원 가봐야 무슨 소용 있나요,

경로당 가서 학력자랑 해봐야 누가 알아주나요,

늙으면 있는 놈이나 없는 놈이나 그 놈이 그 놈이라오.

배운 자나 못 배운 자나 거기서 거기라오.

병원 가서 특실입원, 독방 쓰면 무슨 소용 있나요,

지하철 타고 경로석 앉아 폼 잡아봐야 누가 알아주나요.

– 늙으면 잘생긴 놈이나 못생긴 놈이나 다 그 놈이 그 놈이요.

모두가 도토리 키 재기고 거기서 거기라오.

– 왕년에 회전의자 안돌려 본 사람 없고 소싯적에 한 가닥 안 해

본 사람 어디 있소? 지난날의 영화는 다 필름처럼 지나간 옛일

돈과 명예는 아침이슬처럼 사라지고 마는 허무한 것이라오.

– 자식자랑도 하지마소 반에서 일등 했다고 자랑하고 나니 바로

옆에 전교일등 있더란다.

- 돈 자랑도 하지마소

돈 자랑 실컷 하고 나니, 저축은행 비리 터져 골 때리고 있더란다.

- 세계적인 갑부 카네기, 포드, 록펠러, 진시황은 돈 없어 죽었
느가, 건강만 있으면 대통령두, 천하의 갑부 이건희도 부럽지 않
은 세상이라오.

노년인생 즐겁게 살려거든 건강저축 부지런히 하소

버스 지난간 뒤 손들면 태워줄 사람 아무도 없듯이

뒤늦게 건강타령 해봐야 이미 버스는 지나간 뒤라오.

천하를 다 잃어도 건강만 있으면 누구나 아무도 부럽지 않은 법
이오.

친구야, 아직 날씨가 차다. 내일이 아닌 오늘 건강 잘 챙기길 바
라오.

너같이 좋은 친구는 건강해서 내 곁에 오래 있어야 내가 보고 싶
을 때 언제든지 볼 수 있으니까…

40대부터 음식을 골라 먹으면
암도 예방할 수 있다.

▎암을 이겨내기 위해 노력하는 미국 의학계 사람들의 15가지 방법

우리나라 의학 기술로도 암의 정복은 곧 가능하다고 하나 지금 현실은 나이 들어가면서 누구나 항상 공포 속에 살고 있다. 음식 조절은 빠를수록 좋으나 늦었다고 포기할 필요는 없으며 40대 부터는 음식에 신경써야할 때이다.

1) 신선한 블루베리 먹기 - 블루베리는 안토시아닌이 풍부해 암세 포 증식을 억제한다.
2) 백차와 녹차 마시기 - 세포 건강을 돕는 식물성 항산화물질 에 피갈로카테킨 칼레이트(EGCG)가 들어있다.
3) 샐러드 먹기 - 케일에는 발암물질을 없애주는 이소티오시안산염 이 있고 사과는 대장암을 예방해준다.

4) 생강 먹기 - 생강은 소화관의 염증을 가라앉힘으로 대장암의 위험을 줄일 수 있다.

5) 산책 30분 하기 - 매일 산책을 30분 정도 하면 잠을 잘 잘 수 있고 당뇨와 암의 위험을 줄일 수 있다.

6) 섬유질 먹기 - 귀리는 섬유질이 풍부하고 몸의 독성을 제거한다. 혈당치를 지켜주며 포만감을 오래 가게 한다.

7) 커피 마시기 - 정기적으로 커피를 마시면 기저세포 피부암의 위험이 낮아진다.

8) 유기농 먹기 - 가능하면 농약을 쓰지 않은 유기농 제품을 먹어야 몸에 독소를 제거할 수 있다.

9) 붉은 고추 먹기 - 붉은 매운 고추는 캡사이신이 들어 있어 건강한 세포가 다치지 않게 암세포 에너지를 원천적으로 공격하여 암세포들을 없앨 수 있다.

10) 토마토 먹기 - 토마토는 열처리하여 먹는 것이 날것으로 먹는 것보다 암과 싸우는 리코펜이 더 많다.

11) 강황 먹기 - 인도카레 재로인 황금색 강황은 염증을 없애는 황산화제인 커큐민이라는 안료에서 나오는 것이다.

12) 감정에 신경쓰기 - 암은 신체 건강뿐만 아니라 정신건강에도 영향을 받는다. 의사와 상담할 때는 기분 문제도 의논해야 한다.

13) 건강에 대한 얘기하기 - 집안 어른들의 건강이야기를 귀담아 들으면 어떤 질병에 신경을 써야 히는지 알 수 있다.

14) 간단한 체조나 요가 하기 - 맨손체조는 필수다. 몸을 움직이지 않는 부분을 체조나 요가로 풀 수 있다.

15) 마음 편하게 갖기 - 정기적으로 유방검사를 하고 숨을 깊게 쉬며, 베비류와 달걀, 브로콜리를 많이 먹으라고 권하고 있다. 마음은 항상 편하게 갖는 것이 건강에 좋다.

스트레스를 줄이고 해소하는 방법

현대인들의 스트레스는 만병의 원인이다. 살아가면서 건강하고 행복한 삶을 위해 마음을 다스리고 스트레스를 줄여야 오래살 수 있다. 스트레스를 해소하고 줄이는 방법은 먼저 스트레스를 왜 받았느니, 또 자신이 어떤 성격의 소유자인지를 알아야 정확한 대처법이 나온다. "야심적이고 경쟁적이며 서두르고 참을성이 없는 사람" 즉, 야심형은 그렇지 않은 사람에 비해 스트레스를 많이 받으며 심장병에 걸릴 확률이 두 배나 높으니 신속히 스트레스부터 줄여야 한다.

스트레스는 주기적으로 오는 경향이 있는데 각자 조금씩 다르므로 나는 언제 어떻게 대처하면 좋고, 어떻게 변화가 온다는 것을 내 스스로 알아두는 것이 좋다.

1) 스트레스 해소에는 맛있는 음식을 먹으며 기분전환이 우선이다. 음식 속에 있는 탄수화물이 자신의 기분을 전환시키는 것은 야 두세 시간이다. 따라서 적은량으로 여러번 나누어 먹어야 좋다. 가끔 스트레스로 인해 젊은 여성이 폭

식하여 살이 많이 찌는 경우를 조심해야 한다.

2) 스트레스 해소에는 적당한 운동이 필요하다.

근심이나 우울증이 있을 땐 산소 호흡량이 많은 달리기 운동이 좋다. 자신이 할 수 있는 운동을 찾아 하면서 약간의 땀을 흘리는 것이 좋으며 무리하게 운동하는 것은 역효과로 오히려 좋지 않다.

3) 스트레스 해소에는 쉬운 일을 찾아서 집중해야 한다.

스트레스가 있을 땐 일이 손에 잡히지 않으며 뒤죽박죽으로 행동할 때가 있다. 이럴 땐 우선 급하고 쉬운 일부터 시작해야 한다.

4) 스트레스 해소에는 복식호흡이 도움이 된다.

복식호흡을 하게 되면 들이마시는 공기가 평화로움과 평온함을 준다. 숨을 깊게 내쉬면서 긴장을 해소하게 된다.

5) 스트레스 해소에는 긍정적인 생각으로 자신에게 질문을 해보라, 과연 이일은 중요한 것인가? 남들은 과여 내 생각을 좋게 생각할까? 이 상황은 바뀔 수 있을까? 내 맘 속에서 긍정적인 반응을 보일 때 상대방에게 다시한번 인식을 시킨다면 만족할 만한 결과로 바뀔 수가 있다.

6) 스트레스 해소에는 녹차, 홍차가 좋다.

가벼운 자극에는 녹차가 좋고 녹차에는 콜레스테롤을 낮추고 항암적용에도 효과가 있는 성분이 함유되어 있어서 스트레스에 좋다.

7) 스트레스 해소에는 방안을 밝게하고 밝은면을 보고 크게

한번 웃어보라. 웃는다는 것은 근육이 이완되고 혈압을 낮추는 효과가 있으며 스트레스와 관련된 호르몬이 억제되어 면역체계가 강화되고 마음이 조금 가라앉는다.

8) 스트레스 해소에는 휴식을 취하면서 일의 순서를 정하라. 스트레스의 주요 원인은 과중한 업무에서 오는 경우가 많다. 너무 일에만 묻혀서 살지 않도록 미리미리 대처하면 스트레스를 줄일 수 있다. 자신에게만 집착하지 말고 남을 배려하는 행동을 해야 하며 주는 대로 받는다는 것을 기억해야 한다.

9) 스트레스 해소에는 자기 주문을 외워라. 마음이 펴내지는 의식을 하면서 본인의 마음을 다스리는 아침의 짧은 기도는 스트레스 호르몬을 감소시키며 편안한 마음이 된다.

10) 스트레스 해소에는 노래 한곡을 크게 불러본다. 본인이 아는 노래를 한번 불러보는 것은 스트레스 예방 및 해소에 아주 좋다.

11) 스트레스 해소에는 목욕이 좋다. 스트레스에는 시간이 없으면 샤워나 세수라도 하면 기분이 전환되고, 시간만 된다면 목욕을 하는 것이 마음을 다스리는데 효과가 좋다.

12) 숨을 깊게 천천히 들이마셔라. 잦은 호흡과 서두름은 스트레스를 더하게 하는 경우가 있으니 바깥으로부터의 자극과는 반대로 서두르지 말고 깊은 숨을 쉬며 마음을 가라 앉혀야 좋다.

50대 이후 건강한 생활을 위한 10계명

1) 매일 30분씩 걸어보자.

   걷기는 모든 운동의 첫 걸음이다.

2) 책이나 1kg 정도의 물체를 하루에 몇 번씩 나누어 들으면 근력을 강화할 수 있다.

3) 하루 한 개의 과일 또는 채소를 먹자.

   뇌부터 장에 이르기까지 모든 신체 기능에 좋다.

4) 과일이나 곡물로 아침을 시작하는 것이 건강에 좋다는 것은 상식이다.

5) 커피를 마실 때 설탕을 많이 넣거나 단 음료를 좋아한다면 오늘부터라도 줄이자 칼로리가 높고 단 음식은 건강의 적이다.

6) 과자 대신 하루 한 움큼의 견과류를 먹자.

   견과류는 심장에 좋다고 한다.

7) 육류 대신 일주일에 한 번 생선 또는 해산물을 섭취하자.

   심장뿐만 아니라 뇌까지 좋아진다고 한다.

8) 하루 몇 번씩 천천히 깊게 숨 쉬는 연습을 해보자.

어느덧 스트레스가 사라지는 것을 느끼게 될 것이다.

9) 손을 자주 씻자.

손을 자주 씻으면 독감, 폐렴과 같은 감염예방에 효과가 있다고 한다.

10) 내가 얼마나 축복받은 사람인지 생각하는 시간을 갖도록 하자. 내가 누리고 있는 것들에 감사하면 긍정적인 감정으로 인하여 건강도 좋아진다.

*** 행복한 인생이란 건강할 때만 느낄 수 있고, 내 몸이 아프다면 만사가 싫어질 수 있으니 건강할 때 건강을 지키며 늘 건강할 수 있도록 꼭 실천해서 하고 싶은 일을 즐기면서 꼭 꿈과 목표를 달성하는 행동가가 되자 ***

Good food

하루 한 개의 과일 또는 채소를 먹자. 뇌부터 장에 이르기까지 모든 신체 기능에 좋다.

남은 인생을 어떻게 사는 것이 행복할까?

정상적인 사람이라면 50세가 되면서 누구나 한번쯤 많은 생각으로 잠을 이루지 못한 경험이 있을 것이다. 지금까지의 삶을 돌아보게 되고 남은 인생을 어떻게 살아갈 것인가에 대해... 50대는 적당히 버리면서 살아가야 하는 시기이다. 사람이 90대까지 살아간다고 하더라도 적당한 여유가 있을 수 있는 시기가 50대이다.

지금쯤 뒤를 돌아보며 자신이 어떻게 살아왔는지도 살펴야 한다. 무조건 돈만 바라보면서 달리면 추해질 수 있기 때문이다. 물론 앞으로 살아갈 날이 많아 열심히 일을 해야 하는 것은 맞다. 열심히 일을 하되 보다 보람된 삶이 되도록 노력해야 한다. 간단하게 정리해 보니 이렇다.

1) 일만 하지 마라.(일일이 따지시 말고, 일일이 간섭하지 말라.)
- 적당히 세상을 관조하는 모습도 필요하다는 것이다. 남의 일에 감 나라 대추 나라 할 필요가 없다. 분쟁이 생기게 마련이다. 세상을 너그럽게 보는 눈도 필요하다.
2) 이일 저일 끼어들지 마라.(이유도 묻지 말고, 이것저것 신경 쓰지 마라) - 세상살이에 너무 민감하면 본인만 피곤해진다.

3) 삼삼오오 놀러 다녀라.(삼일 연장 술 마시지 마라) - 마음에 맞는 사람들끼리 운동을 하면서 정보도 교환할 수 있는 취미에 관심을 갖는 것이 좋다.

4) 사생결단하지 마라. - 어떤 일에 목숨을 거는 사람이 가장 어리석은 일이다. 사업이든, 공부든 무리한 것이 문제이다.

5) OK를 많이 하라.(오기 부리지 마라) - 적당히 만족할 줄 알아야 한다. 무리한 사업 확장은 과도한 빚에 시달릴 수 있다. 자기 수준에 맞게 모든 것에서 만족스런 마음을 갖게 될 때 행복이 찾아온다.

6) 육체적 스킨쉽을 즐겨라.(육체를 피곤하게 하지 마라) - 사람을 많이 상대하는 직업은 늘 피로에 겹쳐 있고 하루도 마음 편할 날이 없다. 좋은 친구들과 가끔씩 어울리는 것이 스트레스에 좋다.

7) 70%면 만족하라.(70%만 즐겨라, 칠칠하게 살아라) - 세상에 100% 만족은 없다. 아무리 돈이 많아도 무언가 부족한 것이 있다. 우리나라를 대표하는 기업의 딸이 자살한 것은 100%를 채우려는 것이니 70%를 달성했으면, 만족할 수 있는 지혜가 필요한 것이다. 그렇다고 일을 대충하라는 것은 아니다. 물질적인 면을 말하는 것이다. 즐기는 것도 70%면 충분하다.

8) 움직일 수 있을 때까지 운동하라.(팔자 고치려 하지 말라) - "998823 4"라는 말이 있다. 99세까지 팔팔하게 살다가 2~3일 앓다가 죽는 것이 모든 사람들의 소망인데 운동은 걷기운동과 맨손체조가 좋다.

9) 구차하게 변명하지 마라.(구차하게 살지 말고, 구질구질한 것은 버려라)- 경제적 어려움이 생기면 남의 탓을 하는 사람들이 많다. 50대라면 변명대신 자기 탓으로 돌리는 것이 아름답다. 본인의 노력과 의지로 얼마든지 경제적 안정을 차지할 수 있는 나라가 바로 대한민국이기 때문이다.

10) 10%는 나누며 살아라.(돈은 쓰기 위해 버는 것이다.) - 돈을 쌓아두는 사람이 가장 어리석은 사람이다. 노후를 위해 필요한 자금 외에는 사회를 위해서 쓰는 것이 좋다. 기부나 나누는 기쁨이 세상에서 가장 보람 있고 세상에 대한 고마움도 알 수 있는 것이다.

인간 최후의 꿈은 건강이다

인류공통의 소원은 무병장수(無病長壽)이며 그 소원을 만족시키는 지표가 바로 건강(健康)이라고 할 수 있다. 인간은 누구나 질병의 고통에서 벗어나 건강하고 행복하게 살기를 원하고 있으며 이를 위한 노력 또한 꾸준히 지속적으로 이어 내려오고 있다.

인류 문명의 발상지이자 거대한 미라미드를 건설한 고대 이집트에서는 미이라를 만들어 시체가 다시 환생할 것을 믿었으며, 그리스의 왕은 장수를 열망했던 나머지 꽃 같은 처녀들을 무참히 죽여 그 피를 왕의 체내에 수혈을 하다가 급기야 불귀의 객이 되고 말았다. 이것은 결국 대자연의 법칙을 터득하지 못했으며 자연의 섭리를 그르쳐서 버림을 받은 것이다. 그러나 이와 같은 노력에도 불구하고 지극히 나약하고 무능력한 인간의 한계를 한탄한 나머지 어떤 시인은 이런 시를 읊었다고 한다. "한손에 막대 잡고 또 한손에 가시를 쥐고 늙은 길 가시로 막고 오는 백발 막대로 치려더니 백발이 제 먼저 알고 지름길로 오더라."

인간의 수명을 연장시키고 건강하게 살 수 있는 길이 그렇게 어려운 것은 아니다. 어떤 의미에서는 인간의 수명을 건강하게 연장시키는 것만큼 간단한 방법은 없을 것이다. 방탕과 과음, 과식을 일삼지 않고 절도 있는 섭생과 규칙적인 운동을 한결같이 계속하기만 한다면 누구나 다 천수를 누릴 수 있을 것이다.

세계 3대 장수지역에는 담배 가게, 술집, 약국과 병원, 범죄자, 경찰서, 감옥이 없는 것이 공통적인 특징이다. 현대 과학으로 볼 때 인간의 수명을 120~150세로 보는 것이 타당하다는 연구보고가 쏟아져 나오고 있다.

현대는 만성병의 시대로 이는 잘못된 생활습관에서 비롯된다는 것이 정설이다. 히포크라테스가 "병을 낫게 하는 것은 자연"이라는 말을 남겼듯이 질병은 의사의 치료가 아닌 자연의 힘으로 낫게 된다. 여기서 말하는 자연이란 인간의 자신에 내재된 자연치유력을 포괄하는 말로서, 자연치유는 창조주가 우리 인간에게 부여한 놀라운 재생력, 회복력, 치유력을 최대한 개발하고 이용하는 것을 말한다. 자연치유는 스스로 건강을 유지하고 신체의 고장을 수리하고 장래의 질병을 예방하는 것이며, 이를 위해서는 건강한 생활습관의 유지가 반드시 필요하다. 따라서 평소에 건강을 위해 음식섭취(섭생법)에 유의하고 합리적인 식이요법을 사용하며, 건강에 해로운 생활습관과 환경조건감소에 노력하며, 적당한 운동과 휴식을 취하는 등 건강에 합당한 행동을 실천하는 것이 필요하다.

마음이 따뜻한 사람이 오래 산다

가끔씩은 들판의 흙냄새가 그리워지고 푸른 산의 향기가 그리워
지고 좋아지면 나이가 들어간다는 것이며 진정 인생을 알아가는
나이가 되었다는 증거다.

자연의 모습을 닮은 고향이 그리워지고 홀로 여행을 떠나보고 싶
고 누구의 전화를 기다리는 마음이 생기면 우울증이 찾아오기 쉬
운 나이가 되었다는 것이다.

옛 시인의 글귀에는 언제나 철학이 담겨 있다. 40대에는 2차를
쏘는 친구들이 기가 살아 있어 부러웠고, 50대에는 아들이 일류
대 다니는 친구들이 어깨에 힘이 들어가 부럽다고 했다. 60대에
는 아직 현직에서 활동히며 월급 받는 친구가 가장 부러웠고 70
대에는 몸이 아프지 않고 건강해서 가을이면 친구들을 만나 소주
한잔 할 수 있는 친구들이 가장 부러웠다고 했다. 80대에는 본처
가 살아 있어 손수 아침밥을 지어주는 친구가 부럽다고 했다.

인생을 행복하게 사는 방법은 어려운 것이 아니다. 우리의 인생 최종목표는 건강하게 장수하며, 가족의 사랑을 받으며 마음이 따뜻한 사람들과 만나 옛정을 나눌 친구가 있으면 된다. 취미가 같은 친구가 꼭 있어야 하며 그 친구는 마음이 따뜻해야 한다. 나이가 들수록 마음이 따뜻한 친구가 내 곁에 꼭 있어야 하며 살면서 주위를 살펴보니 마음이 따뜻한 사람이 오래 산다는 증거와 의학적 통계가 있기 때문이다.

고기는 적게 먹고 채소를 많이 먹는 것(小肉多菜)이 건강에 좋다.

건강을 위한 생활수칙 10가지

건강장수를 위한 10계명을 차례로 알아 본다.

첫째, 소육다채(小肉多菜)는 고기를 적게 먹고 채소를 많이 먹는다는 뜻이다. 우리나라 사람들은 예전에 육식을 그리 많이 하지 않았다. 하지만 생활수준이 점차 향상되고 식생활이 서구화되기 시작하면서 육류소비가 급증하였다. 특히 우리국민들이 가장 선호하는 육류가 돼지고기로 그중에서 특히 지방이 많은 부위인 삼겹살을 즐긴다. 세계에서 삼겹살을 가장 선호하는 민족으로 대부분의 회식자리의 단골메뉴가 되었으나 육류의 동물성 지방이 몸에 좋지 않다는 점은 이미 많은 연구결과로 잘 알려진 사실이며 각종 성인병의 주원인이기도 하다. 요즘 남성 고민의 1위라고 하는 탈모인구의 증가도 우리나라의 육류소비 증가와 함수관계가 있다는 연구보고도 있듯이 육식은 피지분비를 늘리고 탈모를 유발시키는 남성호르몬 안드로겐(탈모는 남성호르몬 중 DHT가 원인이다.)이 증가하게 된다. 하지만 채소는 아무리 많이 먹어도 인체에 별 해가 없으며 열량도 많지 않아 비만의 우려도 없다. 채소에는 식이섬유소가 많아 장의 활동을 원활하게하고 배변도 쉽게 이루어지게 한다.

둘째, 소식다저(小食多貯)는 음식은 적게 먹고 꼭꼭 씹어서 먹는다는 뜻이다. 현대인은 예전에 비해 신체 활동이 적으므로 과거와 같은 기준의 많은 칼로리가 필요치 않다. 또한 천천히 꼭꼭 씹어서 먹게 되면 입안의 침샘에서 충분한 소화액을 섞어주어 위의 부담을 덜어주고 소화도 잘되게 된다. 우리나라 사람들은 세계적으로 식사를 빨리하는 좋지 못한 식습관을 가지고 있다. 서구인들이 평균 한 시간에서 두 시간 정도로 여유 있게 식사하는 반면에 한국인들은 10분에서 길어야 20분 정도면 식사를 마치는 빠른 식사 습관을 가지고 있는데 이것은 건강에 아주 바람직하지 못하다.

셋째, 소당다곡(小糖多穀)은 설탕을 적게 먹고 잡곡을 많이 먹는다는 것이다. 설탕은 천연식품이기는 하지만 단당류에 속하여 우리 몸에서 빨리 흡수되므로 단당류는 많이 먹을수록 몸에 이롭지 못하다. 반면에 잡곡은 몸에 아주 좋은 성분들이 많이 들어 있으며 오미를 가진 오곡으로 식사하는 것이 좋다는 사실을 우리 조상들은 이미 잘 알고 있었으며 이를 식생활에 적용하여 왔다.

넷째, 소염다초(小鹽多酢)는 소금은 적게 먹고 식초를 많이 먹는다는 뜻이다. 소금은 우리 인체에 반드시 필요한 물질이지만 현대인들은 자극적인 입맛을 돋우기 위해 필요 이상으로 많이 사용하는 경향이 있다. 특히 인스턴트식품에 주로 사용되는 맛소금은 몸에 해로우므로 이를 많이 먹게 되면 몸에 좋지 않다. 그러므로 천일염이나 용융소금을 먹는 것이 바람직하다. 식초는 여러가지로 몸에 이로운 작용을 하는 식품이다. 우리 몸은 산성화되기 쉬운데 식초는 산성이지만 몸에 흡수되면 알칼리성으로 바뀐다.
다섯째, 소노다소(小怒多笑)는 화를 적게 내고 웃기를 많이 한다.
화를 내면 우리 몸에는 아드레날린 같은 몸에 해로운 물질이 생
성되며 웃으면 몸에 좋은 엔돌핀이 솟아난다는 이야기는 누구나
한번 쯤 들어 보았을 것이다. 웃는 표정만 지어도 뇌의 온도가 낮
아지며 엔돌핀이 생성되고 자연살해세포가 증가하게 되어 면역력
이 크게 향상 된다.

여섯째, 소번다면(小煩多眠)은 고민을 적게 하고 잠을 많이 잔다
는 뜻이다. 현대인의 병은 심인성(心因性)이 주원인이며 스트레스
는 만병의 근원이다. 항상 긍정적인 사고로 매사에 집착을 버리
고 낙관적인 태도를 취하는 것이 좋으며 건강을 위해서는 잠을
잘 자는 것이 필수이다. 요즘은 낮밤이 바뀌는 생활을 하는 사람
들도 많은데 가급적 천기에 순응하여 낮에는 활동하고 밤에는 쉬
는 것이 바람직하다. 하버드대학에서 연구한 바에 의하면 잠을
적게 자고 공부한 학생보다 충분한 수면을 취한 학생들이 더 성
적이 좋다는 연구결과도 있다. 무리하게 밤샘공부하기 보다는 적
당한 수면으로 컨디션을 조절하면서 능률적으로 시간을 활용하여
공부하는 것이 바람직한 결과를 가져 온다.

일곱째, 소차다보(小車多步)는 차를 적게 타고 걷기를 많이 한다
는 뜻이다. 현대인은 신체활동이 부족하여 영양과잉이 되기 쉬우
며 이로 인해 비만 인구가 점차 늘고 있다. 걷기가 몸에 가장 좋
은 운동이라는 사실은 잘 알려져 있다. 평소에 가까운 거리는 차
를 타기보다는 걷는 것이 좋으며 하루 만보 이상 걷는 것을 생활

화해야 한다. 만보라는 숫자는 만보만 채우면 된다는 의미라기보다 최소한 만보이상 걸어야 한다는 의미이며 연구에 의하면, 만삼 천보 이상 걷는 것이 건강에 좋은 결과를 가져온다고 한다. 식사 후에는 최소한 백보 이상 걸은 후 자리에 앉는 것이 좋으며, 천천히 산책하는 걸음걸이 보다 약간 빠른 느낌으로 힘차게 파워워킹을 하는 것이 신체를 건강하게 한다.

여덟째, 소의다욕(小衣多浴)은 옷은 적게 입고 목욕은 자주 한다는 뜻이다. 사람은 코로만 숨 쉬는 것이 아니라 피부로도 호흡을 하며 피부는 인체의 중요한 대사작용을 한다. 옷을 많이 끼워 입게 되면 공기의 순환이 잘 안되어 피부호흡이 잘되지 않게 된다. 목욕은 피부를 청결하게 하며, 체내의 노폐물을 배설하고, 혈액순환을 돕는 등의 작용을 한다. 그렇다고 너무 자주 하는 것은 바람직하지 않고 일주일에 한, 두 번 정도가 적당하다.

아홉째, 소욕다설(小欲多泄)은 욕심을 적게 갖고 내보내기를 많이 한다는 뜻이다. 사람의 욕심은 마음의 조화를 무너뜨리고 항상 불안한 가운데 생활하게 된다. 심신의 조화를 이루는 것은 건강의 기본이자 가장 중요한 덕목이다. 항상 자신을 반성하고 무리한 과욕으로 건강을 해치면 안 되며, 비단 체내의 배설물 뿐만 아니라 근심, 걱정 등 무엇이든지 몸속에 가두어 두기보다는 많이 내보내 심신을 가볍게 하라는 의미이다.

"너 자신을 알라" 라는 명언을 남긴 소크라테스는 "대소변은 참지 말라" 는 말을 남기기도 했다. 쾌변은 건강을 유지하고 싱싱한 하루 일과를 위해 필요한 최소의 조건이다. 아침에 상쾌한 용변을 보면 전날의 피로도 쉽게 물러가지만 변비성이면 회복력도 약해지고 피로가 남기 때문이다.

열째, 소언다휴(小言多休)는 말을 적게 하고 휴식을 많이 취한다는 뜻이다. 말을 많이 하면 에너지소모가 많아지게 되며 쉽게 피로하게 된다. 삼사일언(三思一言)이라는 말이 있듯이 말은 한번 내뱉으면 거두어들일 수 없으므로 가능한 신중하게 고려하며 말을 해야 실수가 없게 된다. 일과 휴식은 반드시 동반되어야 하며 충분한 휴식을 취해야만 에너지를 충전시켜 활기차게 일을 할 수 있게 된다.

취미생활을 비롯해 자신에게 의미가 있는 활동을 하면 오래 살 수 있다.

젊음을 유지하며 장수하는 비결은 무엇인가?

*** 인간의 최종 목표는 경제적 여유와 건강하고 젊음을 유지하며 아프지 않고 오래 사는 것이다. 나이가 들면서 살이 찐다는 것은 인간이 질병에 약해지고 있다는 증거이다. ***

1) 먼저 장수하기 위하여 성실한 성격을 가져야 한다. 성실한 사람은 일을 열심히 하며 좋은 직업을 선택하고 사람들과도 긴밀하게 유지한다.
2) 장수하는 사람들은 친구가 많으며 건강한 생활방식을 갖고 있는 친구들을 선택한다.
3) 담배는 무조건 끊어야 한다. 영국에서 연구한 결과는 30세에 담배를 끊으면 수명이 10년 연장되며, 40세 때 끊으면 9년이 연장되고, 50세 때는 6년, 60세 때는 3년간 수명이 연장 된다.
4) 낮잠을 즐겨라. 규칙적으로 낮잠을 즐기는 사람은 그렇지 않은 사람보다 심장병으로 죽을 확률이 30%나 낮은 것으로 나타났다.
5) 다이어트는 지중해식으로 하고 먹는 것은 오키나와 사람처럼 하라. 지중해식은 과일과 채소, 곡물, 올리브유, 그리고 생선 위주의 식사로 한다. 일본의 오키나와 사람들은 푸른색과 노란색 위

주의 채소로 저칼로리 식단을 유지하며 세계 최장수의 마을로 알려져 있다.

6) 결혼과 성생활을 하라. 결혼한 사람이 오래 살며, 결혼하고 성생활을 하는 사람이 15년 정도 수명이 긴 것으로 연구 결과가 있다.

7) 늘 움직이면서 체중을 줄여라. 하루에 30분 정도 적당한 수준의 운동으로 체중을 줄여야 한다. 살을 빼면 당뇨와 심장병, 그리고 생명을 단축시키는 다른 요인을 차단 할 수 있다.

8) 약간의 술을 마셔라. 적당량의 술을 마시는 사람은 마시지 않는 사람보다 심장병에 걸릴 가능성이 낮다.

9) 종교를 가져라. 65세 이상의 노인을 대상으로 12년간 연구한 자료 결과는 매주 한차례 이상 예배를 드리는 사람은 그렇지 않은 사람보다 면역계에서 핵심적 역할을 하는 단백질을 더 많이 가지고 있는 것으로 나타났다.

10) 모든 것을 용서하라. 그리고 남을 칭찬하는 습관을 가져라. 원한을 털어버리면 불안감이 줄어들고 혈압이 떨어지며 숨쉬기가 편해진다.

11) 숙면을 취하라. 그리고 틈나는 대로 신문이나 책을 가까이 하라. 잠자는 시간이 6시간 이하인 사람은 일찍 사망 할 위험이 크다. 잠을 충분히 자야 각종 질병도 예방되고, 병에서 빠르게 회복된다.

12) 스트레스를 잘 관리하라. 스트레스는 만병의 원인이다. 스트레스에는 요가나 명상, 복식호흡이 좋다. 하루에 10분만 이렇게 해보면 스트레스가 확실히 줄어든다.

13) 남은 인생 잘 설계하고 목표를 가져라. 취미생활을 비롯해 자신에게 의미가 있는 활동을 하면 오래 살 수 있다. 목적의식이 강한 사람은 뇌졸중, 심장병 등으로 사망 할 위험이 낮으며 치매에 걸릴 확률도 적다는 연구결과가 있다.

은퇴 후의 40년, 인생설계는 빠를수록 좋다

해마다 노인 인구가 빠르게 늘어나고 있다. 우리나라는 현재 66세(만 65세)부터 노인으로 인정하며 지하철이 공짜이다. 그러나 60세부터 노인으로 보아야한다. 직업이 없어 고정적 수입이 없기 때문이다.

60세 이후에도 현재 직장을 다니는 사람이 14%이지만 거의 일용직이기 때문이다. 일자리도 구하기 어렵고 퇴직 후 제 2의 인생설계를 하지만 세상은 그리 만만하지 않다. 무엇을 해보자니 불경기에다 경험이 부족하여 주위에서 모두가 반대이다.

현재 한국은 노인들의 45%가 빈곤층이며, 독거노인은 70%이상이 빈곤층이라니 노인복지가 대한민국이 OECD국가 중 최하위다. 그래서 노후설계는 빠를수록 좋다. 국가만 탓할 시간이 없다. 현재 58년생 개띠 기준으로 남자 45%, 여자 49% 즉, 반 정도가 100세까지 산다는 의학적 통계가 나왔다.

30년은 부모 밑에서 살고, 30년은 자식 키우며 직장 다니면서 살고, 나머지 인생 40년은 혼자 또는 2명이 살아야 하는데 어떻게

214

살아야 할지 잘 설계하여 보내야 한다.

노후설계는 대학 졸업 후 첫 직장부터 일찍 준비하는 것이 가장 좋다. 그러나 현실은 어려운 얘기다. 앞으로는 우리나라도 정책이 좋아지겠지만 우리 시대에선 노후에 가족이 같이 산다는 것은 옛날이야기가 됐다.

노후에도 자식한테 기대는 것은 현실에 맞지 않으며 그러고 싶지도 않다. 노후에 부부 중 누구 한 사람이 죽는 날까지 두 사람이 사랑하면서 아프지 않고 건강하게 같이 오래 살아야 하는 것이 제일 중요한 문제이다.

노후에 아플 경우를 대비해서 꼭 질병보험을 좀 더 젊을 때 가입해서 아프면 병원비를 해결할 수 있어야 한다.

남은 40년을 잘 살기 위한
인생설계는 어떻게?

1) 노후에 아플 경우를 대비해서 꼭 질병보험을 좀 더 젊을 때 가 입해서 아프면 병원비를 해결할 수 있어야 한다.

2) 집부터 줄여야 한다. 두 사람이 살 때 집도 20평이면 충분하 다. 단, 교통이 편리하고 병원이 가깝고 쇼핑센터나 시장이 가까울수록 좋다.

3) 돈은 아끼지 말고 적당히 쓰면서 살아야 건강에도 좋다. 수입 에 맞춰서 쓰고 돈으로 물려줄 생각은 하지 말라.

4) 자식에게 물려줄 재산이 많을수록 자식들끼리 싸움이 크다. 유산 상속이 하나도 없으면 자식들이 싸울 일이 없고 우애가 더 좋으며 돈있는 자식이 스스로 도우며 산다.

5) 남자는 아프지만 않다면 최소 80세까지 수입이 적은 일이라도 일을 해야 움직이며 규칙적으로 생활하고 스트레스가 없어 오 래살 수 있다.

6) 여자는 남자보다 보통 10년을 더 산다. 혼자 사는 노인 중

80%는 여자이다. 당황하지 말고 준비하는 것도 좋다.

7) 돈 걱정 없이 사는 사람보다 일이 없는 사람이 더 괴롭다. 퇴직 후에는 사회봉사나 취미활동을 해야 사람을 만나고 우울증이나 공황장애가 사라진다.

8) 혈압이 좀 높은 61세의 김 변호사는 늘 유언장을 넣고 다닌다. 만약에 내가 갑자기 쓰러지면 내 전재산은 지금 월세 나오는 상가 1개(보증금 1억에 월세 330만원 짜리)와 아파트 25평 밖에 없지만, 상가에서 나오는 월세 330만원과 아파트 25평을 아내에게 준다. 아내에게는 죽는 날까지 상가와 아파트 사용권을 주고, 딸과 아들에게는 공동소유권을 준다. (따라서 아들과 딸은 엄마가 돌아가시기 전에는 상가와 아파트에 손댈 수 없고, 지금 그대로 월세는 엄마가 받아서 생활하고 엄마도 돌아가시면 상가와 아파트 모두 팔아 아들과 딸 둘이서 똑같이 50%씩 나누어야 한다.

사랑하는 딸과 아들은 늘 사이좋고 행복하고 건강하게 가정을 잘 지키며 오래 살면서 가끔씩 아빠와 엄마를 생각해주길 바란다. 그동안 내겐 너무 좋은 아내와 딸과 아들이 늘 곁에 있어서 아빠는 늘 행복했었단다. 늘 건강에 주의해서 오래토록 행복하게 잘 살길 바라고 엄마를 잘 부탁한다.)

부부가 함께 90세까지
장수하는 가정이 늘고 있다

우리가 살아가면서 가장 중요한 것은 부부가 함께 행복하고 함께 건강하게 오래 같이 사는 것이다. 한 사람이 먼저 떠난다는 생각만 해도 우린 삶의 의욕을 잃어버릴 수 있으니 함께 오래 살려면 부부가 함께 노력해야 한다.

2013년 현재 부부가 함께 90세까지 살고 있는 충남 보령의 경주 최씨 집촌을 분석해 보니 생활습관만 바꾸면 보통 부부라도 누구나 장수할 수 있고 장수 비결은 아래와 같다.

1) 하루에 한 끼 이상 같이 식사를 하면서 대화의 시간을 갖고 있다. 부부가 마주 앉아 대화하며 식사하는 것을 아주 중요하게 생각한다. 한 끼 이상 부부가 함께 식사를 하면서 가볍고 즐거운 이야기를 많이 한다. 그날그날 계획을 함께 의논하여 움직인다.

2) 서로 격려의 말을 입버릇처럼 자주한다. 당신 생각이 좋은 것 같네요, 당신 오늘 옷차림이 괜찮네요, 오늘

은 당신과 같이 있으니 좋네요, 내가 차 한 잔 끓일까요? 당신은 아직도 참 멋쟁이야, 피부가 아직 좋고, 주름이 없네 등 서로 칭찬하는 말을 많이 한다. 부정적인 말은 하지 않는다.

3) 한 달에 한번은 둘 만의 데이트를 즐긴다.

오붓한 산책을 좋아하고, 가끔 외식, 쇼핑, 문화행사나 영화감상으로 사랑을 재충전한다. 실속있게 가볼만한 곳, 맛있는 음식점 등을 미리 알아두었다가 활용한다.

4) 일 년에 한 번 이상 여행을 떠난다.

자연을 즐길 수 있는 짧은 여행을 좋아한다. 계획을 짜는 것부터 같이 상의한다.

5) 매일 한 번씩 일기를 쓰듯 가끔 편지도 써본다.

가끔 고마움이나 애정 표현은 글로 써서 남기는 버릇이 있다. 오늘 계획이나 혼자 움직일 때는 보이는 곳에 행선지를 적어두며 간단한 애정 표현도 함께 적어둔다.

6) 각종 기념일을 꼭 챙긴다.

생일이나 결혼기념일, 각종 집안의 대소사를 달력에 체크해 놓고 꼬박꼬박 챙긴다. 수입에 맞게 지출하고 항상 같이 상의해서 결정하고 있다.

7) 같은 취미를 한 가지 만들어서 틈나면 같이 한다.

항상 모든 것을 같이 할 수 없지만 같이 할 수 있는 여가시간을 자주 만든다. 시간, 돈, 정열을 투자해서 모든 기쁨을 혼자가 아니고 꼭 같이 즐기고 있다.

부부가 함께 운동하고 함께 걸으며 함께 늙어가라

누구나 알고 있다. 규칙적이 운동이 건강에 좋다는 것은, 그러나 부부가 같이 운동하는 사람은 극히 드물다. 부부가 같이 운동하는 것이 삶의 활력에도 좋고 건강과 수명도 연장해 주고 화목한 가정을 만들어 주니 가장 매력적인 행동이다.

일주일에 몇 번씩 둘이 함께 운동하라. 함께 운동을 하면 체중감량과 잔병을 줄일 수 있다. 삶에 활력을 주는 활동을 둘이서 함께 하면 서로 간의 사랑에도 활력이 생기며, 부부가 같이 할 수 있는 운동은 저녁 식사 후에 가벼운 산책부터 맨손체조, 집에서 하는 요가 그리고 노래와 춤, 테니스나 배드민턴, 수영 등 찾아보면 성격에 따라 얼마든지 찾을 수 있다.

사랑하는 사람과 자주 함께 걷는 사람은 참으로 낭만적인 모습으로 보이지만 그렇지 않은 사람은 어색하게 보이기도 한다. 자주 함께 걸어라 기회가 될 때마다 부부가 운동 삼아 함께 걸어보면 친밀해지고 삶에 좋은 아이디어도 떠오르며 훨씬 자연스럽게 이야기할 수 있을 것이다. 어깨를 나란히 하고 걸으면 서로 한 배를 탄 것 같은 끈끈함이 느껴져 어려운 문제도 쉽게 해결할 수 있을 것 같은 기분도 들게 된다.

앞으로 살아가면서 무슨 일이 생길지 아무도 알 수 없지만 두 사람 모두 90세까지 살아 있다고 생각하면서 그때도 다정하게 손잡고 걷는 모습을 상상해보라. 함께 나이 먹어간다는 사실이 두렵고 때론 그다지 생각하고 싶지 않을 때도 있을 것이다. 그러나 흐르는 세월은 유수와 같아 어쩔 수 없이 다가오는 것이다.

함께 늙어가는 모습을 생각하면 사랑하지 않을 수 없으며 90세에도 함께할 것이라고 생각하면 오늘 서로 상대방에게 더욱 의무를 다하게 될 것이나. 두 사람은 늙어도 처음처럼 사랑이 가득할 것이라 생각하라.

매일 사랑이 커진다면 마지막 날이 왔을 때 "안녕, 당신은 나에게 가장 큰 축복이었어요!, 저 세상에서 꼭 다시 만나요." 라고 말할 수 있을 것이다.

사랑하는 사람과 함께하는 인생의 노후를 더욱 아름답고 행복하게 보낼 수 있는 방법은 늘 오늘처럼 사랑하는 방법뿐이다.

에필로그 **▌** Epilogue

지금부터 내 남은 인생을 위해 생각하고 행동하라

젊은 시절은 누구나 인생에서 가장 중요한 시기이다. 젊은 시절을 어떻게 보내느냐에 따라 미래의 삶이 크게 달라지기 때문이다. 젊었을 때 시간을 허비하는 것은 막대한 재산을 탕진해 버리는 일 보다 어리석은 짓이다. 오늘의 하루는 나의 작은 일생이다. 오늘 하루를 보람 있고 알차게 보낸다면 미래의 인생은 보나마나 성공인생일 것이다. 젊은 시절을 알차게 보내고 꼭 성공인생으로 가기 위해선 늘 머리에 담아두고 행동해야할 일이 있다.

첫째) 풍부한 상식 있어야 한다. 여기서 상식이란 어떠한 사람과도 대화를 나눌 수 있는 다방면의 다재다능한 화술능력이다.
둘째) 일에 대한 자기분야의 풍부한 지식이 있어야 한다.
셋째) 자기 자신을 신뢰할 수 있는 믿음과 신념 그리고 강한 추진력이 있어야 한다.

넷째) 머리를 써서 항상 생각하고 연구하여 어휘력을 발휘하고 메모
　　　 하는 습관을 길러 작문력을 향상시키고 누구한테나 호기심
　　　 있는 외모와 유머감각을 길러야 한다.
다섯째) 업무수행을 완벽하게 처리하는 끈기가 있어야하며 어떤 임
　　　 무를 맡기더라도 피하거나 절대로 포기하지 말라.

그리고 말하지 않더라도 건강을 위해 담배는 끊고 술을 스스로 줄여야 머리가 맑아지고 일을 추진할 수 있는 것이다. 젊은 날은 작은 일을 해결할 능력을 키우는 시기라고 말할 수 있다. 지금 작은 일을 잘 처리할 수 있어야 나중에 큰일도 잘 해결할 능력이 있는 법이다.

오늘은 내일의 시금석이란 말이 있다. 그리고 돈 벌 기회는 누구나 세 번 온다는 얘기도 있다. 작은 일 때문에 큰일을 망치고 당황하는 일이 없도록 지금부터 철저히 준비하길 바란다. 결국 성공인생이라는 것은 노력하고 준비한 사람에게만 찾아오는 것이기 때문이다. 위에서 강조한 작가의 말을 하나씩 실천하며 이겨나간다면 안 되는 일이 없고 누구나 목표를 달성할 수 있다. 자신감을 갖고 노력한다면 누구나 무엇이든 해낼 수가 있는 것이다.

꼭 자신의 힘을 길러라! 꼭 자신의 실력을 키워야 한다! 그리고 빛나는 삶을 펼쳐 나가겠다는 큰 뜻을 품어라! 무엇을 하더라도 적극적이고 긍정적으로 생각하고, 자신감과 책임감이 있는 자세를 가져야 한다. 끝으로 이 책을 읽은 모든 독자에게 큰 행운이 있길 기원한다.

저자 소개 ▌

최승렬 작가는 1956년 충남 보령 출생으로 서울의 중동고 시절부터 시와 수필을 쓰기 시작했고 군 시절에 샘터에 연속 게제 된 최작가의 '사랑의 연애편지' 는 특히 군인들에게 가장 인기가 있는 글이었다. 제대하는 그해(1980)에 신춘문예에 수필 '사랑하며 울며' 가 당선된다. 군제대후 수 없이 많은 직장을 옮겨가며 자신의 시행착오를 거울삼아 여러 가지 직업에 대한 특징을 연구했고 1988년 중앙일보에 특채되어 대구에서 근무하면서 영남대 경영대학원에서 경영학 및 마케팅에 대한 연구를 하여 판매와 경영, 처세술 및 자기관리에 관한 논문과 책을 발표했다.

IMF가 터진 1997년 퇴직 후 부터 지금까지 대학과 기업체에서 현재의 젊은이들과 후배들을 위해 불황에도 끄떡없이 흔들리지 않고 앞으로 나아갈 방향을 제시하고 있으며 후세를 위한 좋은 글을 쓰는데 전념하고 있다.

늘 책과 함께하며 좋은 글 작가협회에서 활동 중이다. 2008년 방송대 문화교양학과에 입학하여 졸업 할 때 까지 대학 4년간 틈틈이 쓴 좋은 글을 정리하여 '좋은 사람 좋은 생각' 으로 2013년 발표하게 된다. 이 책은 작가가 살아오면서 모든 지혜를 모은 좋은 사람들의 좋은 생각으로 현대사회를 살아가야 할 희망이 있는 모든 젊은이들에게 100년이 지나도 변하지 않을 좋은 책 수백 권을 압축시킨 좋은 인생 철학 책이 될 것이다. 대표저서로는 '성공시대' , 청상에서 만납시다' 외에도 다수가 있다.

(최승렬 저자 e-mail ; choisr1003@hanmail.net)